# 사회과학 에센스

# 사회과학 에센스

2022년 8월 05일  초판 인쇄
2022년 8월 10일  초판 발행

지은이 | 김동환
교정교열 | 정난진
펴낸이 | 이찬규
펴낸곳 | 북코리아
등록번호 | 제03-01240호
전화 | 02-704-7840
팩스 | 02-704-7848
이메일 | ibookorea@naver.com
홈페이지 | www.북코리아.kr
주소 | 13209 경기도 성남시 중원구 사기막골로 45번길 14
        우림2차 A동 1007호
ISBN | 978-89-6324-888-2 (93350)

값 15,000원

# 사회과학 에센스

김동환 지음

행정

경제

정치

집단

북코리아

# 서언

　나는 더 이상 책을 쓰려고 하지 않았다. 대학교수직 정년 퇴임을 5년 정도 남기고 있지만, 학문에 대한 특별한 아쉬움이나 미련이 남아 있지 않다. 이 세상에 태어나 학자로 살면서 충분히 내 몫에 해당하는 책을 이미 다 썼다고 생각했다. 대학원 시절 친우였던 윤견수 교수에게 피드백의 관점에서 세상을 이해하는 책을 쓰는 것이 내 학자로서의 소망이라고 말한 적이 있다. 2004년 출판한『시스템 사고』가 그 책이다. 물론 그 전후에『시스템 시뮬레이션』,『시스템 다이내믹스』,『김대중 대통령의 시스템 사고』,『촛불@광장 사회의 메커니즘』,『빅데이터는 거품이다』등의 책을 쓰기도 했지만, 젊었을 때의 꿈을 현실화하여 쓴 책은『시스템 사고』였다. 학문 서적 외에 미국에서의 교회 생활을 기록한『주님을 사랑하는 형제들』을 출판하기도 했고, 고등학교 동창의 죽음을 계기로 당구에 관한『3쿠션

패턴 100』이라는 책을 쓰기도 했으니, 내가 애초에 소망했던 책보다 더 많은 책을 출판했다. 그러했기에 나는 더 이상 책을 쓸 생각을 하지 않았다.

그러던 중 최근 책 한 권을 써야겠다는 생각이 들었다. 무엇보다 시간이 한가했기 때문이다. 코로나19가 한창 기승을 부리던 2021년 12월 27일 92세 어머니가 집에서 넘어져 고관절이 부러졌고, 그때부터 어머니를 간병하는 생활이 시작되었다. 아침 8시부터 저녁 8시까지는 간병인이 어머니를 보살펴드리고, 저녁 8시부터 다음날 아침 8시까지는 내가 담당하는 생활이었다. 틈틈이 작은누님과 큰누님, 형수님 그리고 아내가 나 대신 어머니를 보살펴드렸다. 수술 받으신 직후에는 간병하느라 정신이 없었다. 어머니 집 거실이 병실이자 기도실이었다. 이후 어머니의 건강이 회복되면서 간병하는 일이 한가해졌다.

한가한 간병 생활을 하던 중 문득 이미 출판한 책에 담지 못한 강의 내용들이 많다는 사실이 떠올랐다. 나는 종종 학생들에게 "지금 내가 강의하는 내용을 자네들이 책으로 쓰면 좋겠다"고 말하곤 했다. 학자로서 은퇴할 나이에 접어든 내가 굳이 시간과 노력을 들여 새로운 책을 쓸 필요가 없다고 생각했기 때문이다. 오늘도 습관처럼 학생들에게 같은 말을 하고 어머니 집에 와서 한가하게 시간을 보내는 나를 보았다. 내가 너무 무책임한 것은 아닌가? 한가한 시간에 나의 생각을 기록으로 남겨주어야 하는 것은 아닐까?

이런 생각들을 떨칠 수 없어 노트북을 열고 새 책에 들어갈 내용들을 열거해보았다. 이전의 책에는 포함되지 않았지만, 학생들에게 강조했던 내용들이다. 지난 40여 년에 걸쳐 여기저기서 읽고 듣고 경험했던 지식의 단편들을 나 나름대로 이어서 확장시키고 체계화시킨 내용들이다. 대체로 사회과학 전반에 관한 개념들이다. 내가 어디에서 집중적으로 배운 개념은 아니었다. 오히려 어디에서도 배우지 못한 개념들이었다. 사회과학을 이해하는 데 대단히 중요한 개념들이었으며, 사회과학의 전체 구도를 이해하는 데 꼭 필요한 개념들이었다. 하지만 학자들이 말하지 않는 내용이었다. 그렇기 때문에 내가 이러한 개념들을 이해하고 정리하는 데 40여 년이라는 오랜 시간이 필요했으리라. 그리고 보니 내가 이 개념들을 정리해서 기록해놓지 않으면, 후배 학자들 중에 나 같은 사람이 또 다른 40년을 소비할 것이라는 생각이 든다. 그래서 책을 빨리 써야겠다는 생각이 들었다.

사회과학의 전체 구도를 이해하면, 사회과학이 얼마나 아름다운 학문인지 이해할 수 있다. 내 전공인 행정학의 경우에는 더욱 그러하다. 적지 않은 행정학자들이 행정학을 부끄러워한다. 행정학의 본질을 이해하지 못하기 때문이다. 마찬가지로 사회과학의 본질을 이해하지 못하기 때문에 사회과학의 아름다움을 알지 못하는 학자들을 수없이 보았다. 이 책을 쓰는 이유는 사회과학의 아름다움을 바로 볼 수 있게 하기 위함이다. 사회과학의 전체 구도를 이해하면, 다른 사회과학 영역이 나의 학문과 어떻게 연결되는지를 이해할 수 있다. 그만큼 다른 사회과학 연구를 존중할 수 있고, 다른 사회과학 지식에서 지혜를 발견할 수 있다. 이때 정치학자들은 행정학자들을 무시하지 않고, 경제학자들은 정치학자들을 존중하게 된다. 사회과학의 본질적 구도를 이해할 때 사회과학자들은 서로가 서로의 의미를 이해하고 비로소 사회과학의 아름다움을 이해할 수 있다. 이 책을 통해 더 많은 사람들이 사회과학의 아름다움을 이해하기를 희망한다.

어머니 집에서

# 차례

# 1부
# 사회과학 방법론

먼저 학문하는 방법이다. '방법론(methodology)'은 딱딱한 것으로 생각하기 쉽다. 대학생들은 조사방법론이라는 과목을 통해 방법론을 배우거나 과학철학을 통해 배운다. 조사방법론은 사람들을 얼마나 어떻게 모아서 어떠한 질문을 제시할 것인지 등 절차에 관한 기술을 따진다. 과학철학은 인간이 정말로 지식을 알 수 있고 검증할 수 있는가에 관한 철학적 논의에 깊숙이 들어간다. 하지만 나는 이것이 방법론의 본질이라고 생각하지 않는다. 사회과학 방법론의 본질은 학자인 내가 어떻게 사회를 이해할 것인가에 관한 것이다. 방법론의 핵심은 나 자신에 관한 것이다. 내가 어떻게 사회를 이해할 것인가의 문제다. 타인에게 보여주고 설득하는 것은 그다음 일이다.

공부하는 주체로서 내가 사회를 어떻게 이해할 것인가? 이것이 방법론의 핵심이다. 이렇게 본다면 방법론은 학문의 출발이라고 할 수 있다. 학문의 출발이 제대로 되어 있지 않다면 그 사람의 방법론은 잘못된 것이다. 40년간 학자 생활을 하면서 학자로서 출발 자체가 잘못된 사람들을 수없이 보았다. 사회를 이해하기 위해 공부하는 사람이 아니라면 출발이 잘못된 사회과학자다. 그래서 나는 많은 사람들이 이야기하는 사회과학 방법론을 진정한 방법론으로 받아들이지 못한다. 난해한 철학자들의 주장을 열거하거나 까다로운 통계 절차에 순응할 것을 강요하는 것은 진정한 방법론이 아니다. 거기에는 사회를 이해하고자 하는 마음이 없기 때문이다. 사회를 향한 관심조차 없는 경우가 많다. 사회에 대한 관심과 호기심이 방법론의 출발이다. 사회에 대한 관심과 호기심은 본인이 아직 사회를 이해하지 못한다는 겸손한 마음을 전제로 한다. 그렇기에 교만한 사람은 학자로서 출발 자체를 할 수 없다. 학자로서 출발할 수 있는 사람은 겸손하면서도 사회에 관심이 있고 이해하고자 하는 마음을 가진 사람이다.

# 1강
# 사회과학의 대상: 창발적 속성

'사회과학(social science)'은 무엇을 대상으로 하는가? 의외로 사회과학이 무엇인지 모르는 사회과학자들이 많다. 간단히 말해서 사회과학은 사회를 연구하는 학문이다. 이렇게 간단하고 명료한데 왜 사회과학이 무엇인지 모르는 사람이 많을까? 사회는 추상적인 인공물이기 때문이다. 사회를 직접 대상으로 해서 연구하기는 어려우며, 대부분은 그 사회와 관련된 사람들을 통해 연구가 이루어진다. 예를 들어 삼성이라는 기업에 대해 생각해보자. 삼성이라는 기업의 실체는 어디에 존재하는가? 삼성 본사가 위치한 건물에 있는가? 아니면 삼성이 법인이라고 규약으로 정한 정관 속에 존재하는가? 그도 아니라면 삼성이라는 기업의 실체는 사람들의 마음속에 존재할 뿐인가? 우리는 매일 삼성에 대해 이야기하지만, 삼성의 실체를 직접 대할 수는 없다. 사회도 마찬가지다.

다른 예를 들어보자. 규모는 작지만 탄탄한 실체를 가지고 있는 사회의 대표적인 사례로 '가정'을 들 수 있다. 모든 사람이 매일매일 몸담아 살고 있는 사회 조직이 바로 가정이다. 하지만 그 누구도 가정의 실체를 직접 대할 수는 없다. 우리가 살고 있는 집이 가정은 아니다. 그렇다고 가정을 구성하고 있는 부모나 자녀를 가정이라고 할 수도 없다. 동사무소에 비치된 가족관계증명서가 가정의 실체라고 할 수도 없다. 그렇다면 가정의 실체가 무엇인가?

좀 더 큰 규모를 생각해보자. 대한민국이라는 국가의 실체는 무엇인가? 대한민국의 실체가 영토인가? 대한민국의 실체가 그 영토에서 살고 있는 사람들인가? 대한민국의 실체가 대한민국을 규정하고 있는 헌법인가? 그 어느 것도 만족할 만하지 못하다. 이렇게 생각해보면 사실 우리가 잘 알고 있다고 생각하는 사회라는 것도 사실은 잘 알지 못하고 있을 뿐만 아니라 그 실체를 직접 대면할 수 없는 존재라는 점을 깨닫게 된다.

사회라는 실체를 직접 대할 수 없으니, 사회를 연구하는 사람들은 보통 사회와 관련된 사람들을 대상으로 해서 연구한다. 삼성을 연구하기 위해 삼성 직원을 연구하며, 가정을 연구하기 위해 가족 구성원을 연구한다. 늘 이렇게 연구하고 공부하다 보니, 사회과학자들은 어느덧 자신이 연구하는 대상이 사회인지 아니면 사회를 구성하는 사람인지 헷갈린다. 적지 않은 사회과학자들이 스스로의 연구 대상을 사람이라고 말한다. 많은 사회과학자들이 사람들에게 설문조사를 해서 통계분석을 수행한다. 그러다 보니 사회를 연구하는 것은 사람의 마음을 살피고 그 응답을 분석하는 것이라고 생각한다. 사람을 통해 사회를 연구하려던 원래의 목적을 잊어버린 것이다. 달을 보라고 손가락으로 가리키니, 달은 보지 않고 손가락에만 집착한다는 불교의 교훈과도 같다.

사람에 대한 연구는 인문학이다. 사람들이 모여서 만든 사회에 대한 연구는 사회과학이다. 이렇게 사회과학자와 인문학자의 연구 대상은 분명히 다르다. 하지만 사회를 직접 대할 수 없어서 사람에 대한 설문에 의존하는 사회과학자들은 종종 자신의 정체성을 잊어버린다. 설문조사(survey)에 익숙하다 보니 사람의 생각과 응답을 연구하는 것을 사회학이요 정치학이라고 생각하곤 한다. 그렇게 생각한다면 그 사람은 인문학자이지 사회과학자는 아니다.

인문학과 사회과학의 근원적 차이는 '창발적 속성(emergent property)'이라는 개념으로 이해할 수 있다. 창발적 속성이란 '부분(part)'에서는 존재하지 않으나 '전체(whole)'에서 발현되는 속성이다. 분자는 원자들로 구성되어 있다. 그런데 원자 수준에서는 존재하지 않는 속성이 분자 차원에서 발현된다. 예를 들어 어떤 분자는 전기를 차단하고, 어떤 분자는 전기를 전달하며, 또 어떤 분자는 전기를 저장한다. 종종 분자는 원자로 구성되어 있어서 원자를 연구하는 물리학자들은 분자의 모든 성질을 알 수 있다고 생각하기 쉽다. 하지만 물리학자들은 분자의 전기적 성질에 대해 알지 못한다. 분자 수준에서 나타나는 창발적 속성에 관한 연구는 화학자의 몫이다. 마찬가지로 식물은 분자로 구성되어 있지만, 분자 수준에서 존재하지 않던 속성이 식물 수준에서 나타난다. 태어나고 자라고 시들어 죽는 생명 현상이 그것이다. 마찬가지로 사회는 인간으로 구성되지만, 인간의 수준에서 발견할 수 없는 창발적 속성이 사회 수준에서 나타난다. 한 인간에게서 나타나는 특성을 연구하는 것이 인문학자의 연구 대상이라면, 사회과학자의 연구 대상은 사회 차원에서 새로이 등장하는 창발적 속성이다. 그렇기 때문에 인문학자와 사회과학자의 연구 대상은 엄연히 다르다.

개인이 모여서 사회를 구성할 때 어떠한 창발적 속성이 새로이 나타나는가? 가장 먼저 '조직(organization)'을 들 수 있다. 사람들이 모여서 '조직'을 만든다. 가장 단순한 조직으로 '가정(family)'을 들 수 있다. 이러한 조직은 구성원인 사람들이 사라지더라도 없어지지 않는다. 가족 구성원이 모두 외출해서

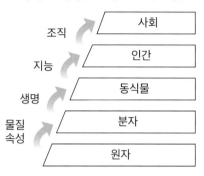

창발적 속성(Emergent Property)

집에 아무도 없다고 하더라도 가정이 없어지는 것은 아니다. 어디에 있는지 알 수 없지만, 가정은 사라지지 않은 채 분명히 존재한다. 저녁이 되어 기업에서 모든 직원이 퇴근했다고 하더라도 그 기업은 사라지지 않고 낮 시간과 동일하게 존재한다. 심지어 가족 구성원 중에 일부가 사망한다고 할지라도 그 가정이 사라지지는 않는다. 기업의 직원들이 전원 교체된다고 하더라도 그 기업이 사라지지는 않는다.

그러한 조직의 존재를 더 확실히 하기 위해 사람들은 '법인(法人)'이라는 신기한 실체를 고안했다. '법인'은 조직을 살아 있는 사람처럼 취급하는 것이다. 기업, 학교, 종교 단체, 학술 단체 등 거의 모든 조직이 '법인'으로 살아간다. 이들 조직은 마치 살아있는 사람인 듯 행세한다. 사람처럼 법인은 재산을 가질 수 있고, 다양한 권리와 의무를 지닌다. 인간 수준에서는 전혀 찾아볼 수 없는 존재다.

'법인' 차원을 뛰어넘는 조직이 있다. '국가'라는 사람들의 모임이다. 국가는 사람을 초월하는 신비한 속성을 지닌다. 국가는 사람들처럼 살아있는 존재일 뿐만 아니라 사람들을 죽일 수 있는 권한까지 소유한다. 사람들이 모여서 만든 '국가'는 이제 사람들 위에서 사람들에게 충성을 요구한다. 국가는 모든 인간 구성원을 초월하는 존재다.

사람들의 약속 또한 사회 수준에서 나타나는 창발적 속성이다. 사람들의 약속 가운데 가장 대표적인 것이 바로 '돈(화폐)'이다. 만 원짜리 지폐는 물리적으로는 종이일 뿐이다. 하지만 그것은 단순한 종이가 아니라 사람들간에 만 원의 가치가 있다고 약속한 '증서'다. 그 약속을 국가가 보장한다. 시나 군 같은 지방자치단체가 보장하는 화폐를 '지역화폐'라고 한다. 주식이나 채권 역시 사람들 간의 약속일 뿐이다. 이러한 화폐나 주식, 채권은 근본적으로 사람들 간의 약속에 불과하기 때문에 그 실질적인 가치는 늘 변화한다. 갑작스럽게 가치가 오르기도 하지만, 하루아침에 휴짓조각에 불과할 정도로 가치가 증발할 수도 있다.

사람들의 약속으로 '법률(法律)'을 빼놓을 수 없다. 헌법과 법률은 사람들 간의 약속이다. 모든 국민이 지키기로 한 약속이며, 지키지 않으면 처벌하기로 한 약속이다. 그렇다고 해서 모든 국민이 약속에 참여한 것은 아니다. 국민을 대표하는 또는 대표한다고 주장하는 사람들이 정한 약속이다. 이런 법률을 지키기 위해 사람들을 죽이기도 하고 전쟁을 수행하기도 한다. 덴마크의 현자 피에트 하인(Piet Hein)은 "인간이란 스스로 금을 긋고 그 금에 걸려 넘어지는 동물"이라고 말했다. 우리가 한 약속이고 우리가 그은 금이지만, 그것이 실체가 되어 우리를 구속한다. 법률은 인간 수준에서는 발견되지 않는다. 사회 수준에서 비로소 법률이 등장하고 막강한 힘을 갖는다. 그렇기 때문에 법학은 인문학이 아니라 사회과학에 해당한다.

법을 지키지 않는 사람을 '범죄자' 또는 '죄인'이라고 부른다. 사회 차원에서 법이 비로소 의미를 지니듯, '죄인' 또는 '죄악'이라는 말도 사회 수준에서 의미를 갖는다. 홀로 존재하는 개인에게는 지켜야 할 법도 없고 지키지 못한 죄도 없다. 죄와 벌 그리고 선과 악은 사회 차원에서 의미를 갖는 개념이다. 법학이 사회과학에 해당하는 것과 마찬가지로 죄와 벌 그리고 선과 악의 개념 역시 사회과학 영역에 속한다.

현대사회에서 점점 더 중요하게 부각되는 약속으로 '표준(standard)'을 들 수 있다. 철도의 폭은 표준화되어 있으며, 기차의 폭은 이 표준에 맞추어 설계된다. 마찬가지로 도로 차선의 폭도 표준화되어 있고, 자동차의 폭도 이 표준을 벗어날 수 없다. 가정에 공급되는 전기의 전압은 110볼트 또는 220볼트로 표준화되어 있으며, 가전기구들은 공급되는 전압의 표준을 따른다. 컴퓨터, 인터넷, 와이파이, 휴대폰, 충전기 등 모든 전자기기는 표준을 따른다.

아마도 인류 역사상 가장 먼저 확립된 표준은 언어일 것이다. 서울에서 사용하는 말을 '표준말'이라고 한다. 법으로 정해진 표준도 있지만, 법으로 정해져 있지는 않지만 실제로 시장을 지배하는 표준도 있다. 이를 '사실상의 표준(de facto standard)'이라고 한다. 컴퓨터의 이동식 저장장치인 USB 단자는 법으로 정해진 표준이 없지만, 사실상 표준으로 받아들여진다.

수많은 기술이 등장했다가 사라지곤 하는 현대사회에서 표준으로 인정받기 위해 소리 없는 전쟁이 벌어지곤 한다. 이를 '표준 전쟁'이라고 한다. 표준 전쟁의 승자는 시장을 독점하면서 엄청난 부를 얻는다. 표준 역시 사회 수준에서 나타나는 창발적 속성이며, 따라서 표준은 사회과학의 연구 대상이다.

# 2강
# 정학과 동학

이처럼 사회 현상은 본질적으로 창발적인(emergent) 현상이다. '창발적'이라는 것은 사람들이 모이면서 나타나는 것을 의미한다. 사람들이 모이면서 나타난 창발적 현상은 사람들이 흩어지면 변할 수 있다. 물론 앞서 서술했듯이 사람들이 흩어진다고 해서 창발적 속성이 사라지는 것은 아니다. 하지만 그 특성은 변화할 수 있다. 가족 중 한 명이 사망한 가정은 이전과 동일한 가정이지만 같을 수는 없다. 핵심 브레인이 퇴직한 기업은 이전과 같은 법인이지만 같은 능력을 발휘하기는 어렵다. 동일한 가정이요 동일한 법인이라는 점을 강조하면 변화하지 않는 질서이지만, 이전과 같지 않은 측면을 본다면 부단히 변화하는 것이 사회다.

변화하지 않는 질서를 강조하는 사회과학을 '정학(statics)'이라고 하고, 변화에 초점을 두는 사회과학을 '동학(dynamics)'

이라고 한다. 사회과학의 주류는 정학이며, 동학은 비주류다. 대부분의 사회과학자들이 사회의 질서를 강조하는 정학을 선호한다. 법률 질서, 통치 제도, 시장 균형의 원리 등이 사회 질서에 해당한다. 사회의 변화를 이야기하는 사회과학자들은 소수일 뿐이다. 사회가 변화하면서 새로운 법률이 만들어지고 기존의 법률이 폐기된다. 집권 여당은 선거에서 패배하기 마련이며, 예상치 못했던 야권 인사가 권력을 탈취한다. 듣도 보도 못했던 기업이 시장을 지배하는 강자로 군림하기도 한다. 이러한 사회의 변화에 관심을 가지고 연구하는 사회과학자는 소수다.

많은 사회과학자들은 변화보다 질서를 좋아한다. 변화보다 질서가 연구하기 쉽기 때문이기도 하지만, 사회의 권력자들이 질서를 좋아하기 때문이기도 하다. 왕조시대에는 왕이 바뀔 수 있다는 변화를 말하는 것이 금기시되었다. 동서고금을 막론하고 정학이 권장되었으며, 동학은 금기시되었다. 정학은 사회 질서에 도움이 되는 건전한 학문으로 인정받았지만, 동학은 사회를 불안하게 만드는 불순한 생각으로 위험시되었다.

동양사회에서는 논어와 맹자를 중심으로 하는 유학이 정학의 대표적인 학문이라고 한다면, 서양 사회에서는 시장 가격의 균형을 강조하는 경제학이 정학의 대표라고 할 수 있다. 유학에서는 임금과 신하의 관계나 부부 관계는 변화하지 않는 질서라고 한다. 경제학은 일정한 가격을 유지하는 시장을 정상적이라고 한다. 상품의 가격이 수시로 변동하는 불균형 시장은 '비정상적인 시장'이라고 한다. 과거 동양사회에서는 논어 맹자의 유학이 주류 학문이었으며, 현대사회에서는 균형경제학이 주류 학문이다.

변화를 강조하는 사회과학자는 소수이지만, 그렇다고 아주 소멸하지는 않는다. 동서고금을 막론하고 동학을 연구하는 학자들은 소수이지만 늘 존재했다. 왜 그런가? 실제로 사회는 늘 변화하기 마련이고, 그러한 사회를 이해하고 대응하기 위한 '현장(field)'에는 동학이 필요했기 때문이다. 불시에 침입하는 적군에 신속히 대응해야만 살아남을 수 있는 전쟁터에서는 정학이 아닌 동학이 필요하다. 경쟁 기업이 치고 들어오는 시장을 방어하기 위한 경영 현장에서도 동학이 요구되었다. 권력층의 보호를 받는 상아탑에서는 정학이 안식을 누리지만, 스스로 살아남아야 하는 현장에서는 동학이 요구되었다.

동양사회에서 대표적인 동학은 '주역'이었다. 공자는 주역의 핵심 사상을 "일음일양위지도(一陰一陽謂之道)"라고 요약했다. 한 번은 음이 지배하고 다음에는 양이 지배하는 것이 '도

| 정학<br>(statics) | 질서에<br>초점 | 주류<br>학문 | 현대사회:<br>균형경제학 | 동양사회:<br>논어, 맹자의<br>유학 |
| --- | --- | --- | --- | --- |
| 동학<br>(dynamics) | 변화에<br>초점 | 비주류<br>학문 | 현대사회:<br>시스템<br>다이내믹스 | 동양사회:<br>주역 |

(道)'이며, 결국 끊임없는 '변화'가 도라는 말이다. 서구사회에서 대표적인 동학은 '시스템 다이내믹스'다. 시스템 다이내믹스는 1960년대에 MIT의 제이 포레스터(Jay Forrester) 교수가 개발한 학문으로, 내가 평생 전공한 학문이기도 하다.

나는 사회과학의 본질은 동학이라고 생각한다. 그렇다고 정학이 틀렸다는 것은 아니다. 동학이 사회과학의 본질이라면, 정학은 사회과학의 꽃이다. 정학은 사회 지배층으로부터 대우 받고 영광을 얻는다. 사회과학자로서 동학의 본질을 잊지 말아야 하지만, 그렇다고 정학이라는 생존 수단을 버릴 필요는 없다. 주류 학문인 정학에 익숙해야 사회과학자로 살아가는 데 어려움을 겪지 않는다. 하지만 동학 입장에서 사회를 바라볼 때 사회과학자는 사회에 대한 호기심과 흥미로움, 문제의식을 잃지 않는다. 그래서 나는 후배 학자들에게 동학과 정학을 함께 공부하라고 권유한다.

# 3강
# 간증의 방법

사회는 창발적이며(emergent) 변화무쌍(dynamic)하다. 변화하는 사회에서 변화하지 않는 질서를 발견하는 것이 사회과학자의 미션이다. 물론 절대로 변화하지 않는 것은 없다. 하지만 비교적 변화하지 않는 것이 있다. 학자들은 사회에서 비교적 오랜 시간 변화하지 않는 것을 '구조(structure)'라고 부른다. 국가는 여러 부문으로 구성되어 있으며, 이러한 부문들의 상호작용으로 인해 움직인다. 군대, 관청, 기업, 교회, 가정 등이 있고, 이들 간의 상호 관계가 있다. 이러한 구조 속에서 개인으로서의 사람들은 선택하고 행동하면서 살아간다. 사회과학자는 사회 구조를 명확히 드러내고 그 구조가 어떻게 작동하는지를 설명한다. 이 책에서는 사회 구조의 모습을 '프레임(frame)'이라고 부르고, 그 사회 구조의 작동 원리를 '메커니즘(mechanism)'이라고 부른다.

학자는 연구 대상의 구조와 그 작동 원리를 밝히고자 한다. 식물학자는 뿌리와 줄기, 잎으로 이어지는 식물의 구조를 구분하고 그 구조가 어떻게 작동하는지에 관한 식물의 생장 메커니즘을 밝히고자 한다. 사회과학자도 마찬가지다. 사회 구조와 그 메커니즘을 밝히고자 한다. 하지만 문제는 사회 구조와 메커니즘이 식물과 달리 눈에 보이지 않는다는 점이다. 눈에 보이지 않으니 그 구조와 메커니즘을 직접 보여줄 수 없다. 다시 말해 사회과학자들은 자신이 발견한 구조와 메커니즘에 대해 직접적인 증거를 제시하기 어렵다. 이것이 사회과학과 자연과학의 가장 크고도 본질적인 차이점이다. 자연과학자들은 자신이 발견한 구조와 메커니즘을 보여줄 수 있으며, 물리적으로 실험해서 결과를 보여줄 수도 있다. 그러나 사회과학자들은 자신이 발견한 구조를 보여줄 수도 없고, 자신이 이해한 작동 메커니즘을 실험해서 증명하기도 어렵다.

누구나 사회의 가장 기본적인 구조가 '가정'이라는 것을 안다. 그리고 가족의 사랑으로 가정이 작동된다는 것도 안다. 하지만 가정이라는 구조를 물리적으로 보여줄 수 없으며, 사랑이 있어야 가정이 작동한다는 메커니즘을 실험해서 증명할 수도 없다. 식물학자는 식물에서 수분을 제거했을 때 식물이 어떻게 고사하는지를 실험하고 그 메커니즘을 보여줄 수 있다. 하지만 가정에서 사랑을 제거했을 때 어떤 일이 일어나는 지를 실험할 수는 없다. 기껏해야 가정을 구성하는 사람들에게 사랑이 얼마나 중요한지를 설문할 수 있을 뿐이다. 그렇다면, 가정에서 사랑이 어떠한 작용을 하는지 우리가 알지 못하는가? 그렇지 않다. 우리는 이미 가정에서 살아보았으며, 사랑이 어떻게 작동하는지 그 메커니즘을 잘 알고 있다. 가정이라는 구조와 사랑의 메커니즘에 대해 우리는 어떻게 연구할 수 있는가? 자연과학자처럼 할 수는 없다.

사회과학자가 자연과학자의 방법론을 맹종할 필요는 없다. 해서는 안 되는 것이 아니라 하려고 해도 안 된다. 사회 현상은 창발적(emergent)이며 다이내믹하게 변화하기 때문이다. 물리적인 증거가 존재하지 않으며, 다만 사회 현상에 대한 사람들의 증언과 기록이 있을 뿐이다. 그래서 나는 '증언'을 사회과학의 가장 중요한 방법론이라고 생각한다. 사회과학자가 실제로 보고 경험한 사회 현상에 대해 학자로서 증언하고 설명하는 것이다. 나는 이것이 기독교에서 말하는 '간증(testimony)'과 동일한 방법이라고 생각한다. 기독교의 핵심적인 방법론이 '간증'이라고 할 수 있다. 자신이 만난 하나님에 대해 증언하는 것이 간증이며, 그것을 기록한 것이 성경의 구약과 신약이다.

하지만 아직 사회과학자들은 간증을 합당한 방법론으로

인정하지 않는다. 자연과학자들의 방법론에 간증이 존재하지 않기 때문이다. 자연과학자들을 흉내 내고 싶은 사회과학자들은 '증거(evidence)'와 '실험(experiment)'이라는 자연과학자들의 단어에 집착한다. 특히 행태주의 사회과학자들은 실험과 증거를 강조한다. 하지만 우리가 실험하고 증거를 확보할 수 있는 것은 어디까지나 한 사람 한 사람 개인 차원의 응답과 행동에 관한 것일 뿐 사회 차원의 창발적인 속성에 관한 것이 아니다.

나는 '간증'을 사회과학 방법론으로 제시한 적 있다. 이명박 정부의 후반에 들어서면서 우리나라 지식인들을 중심으로 '빅데이터' 예찬 바람이 불기 시작했다. 거의 모든 지식인, 정책인, 기업인이 빅데이터가 대한민국을 먹여살릴 기회를 제공할 것이라고 주장했다. 그 허구적인 실체를 목격한 나는 『빅데이터는 거품이다』라는 책을 쓰고 방송에서 대담도 진행하곤 했다. 이에 관하여 학술 논문을 작성할 때였다. 사회과학에서 통용되던 기존의 방법론으로는 이러한 '빅데이터 거품' 현상에 관한 증거를 제시하기 어려웠다. 여전히 많은 지식인들이 빅데이터의 허구에 빠져 있었지만, 빅데이터의 유행을 주도하거나 참여했던 지식인들에게 인터뷰를 진행하기도 어려웠다. 그들의 거짓과 허풍을 고백하는 인터뷰가 될 수밖에 없었기 때문이다.

기존의 방법론을 적용하기 곤란한 상황에서 떠오른 방법

이 바로 '간증'이었다. 바로 내가 직접 목격하고 겪은 사회 경험을 증언하는 방식으로 논문을 쓰는 것이다. 이를 학술 용어로는 '자문화기술지(auto-ethnography)'라고 한다. 하지만 나는 자문화기술지라는 말보다 간증이라는 말을 더 좋아한다. 그 의미가 명백하기 때문이다. 기독교에서 말하는 간증이 하나님을 만난 경험을 증언하는 것이라면, 사회과학에서 말하는 간증은 각자 경험한 사회를 증언하는 것이다.

간증이 과연 사회과학 방법론으로 인정받을 수 있을까? 적지 않은 사람들이 이런 의구심을 제기했다. 이에 대해 나는 한 가지 질문을 던졌다. 사회과학자는 실험실의 자연과학자와 법정의 판사 중 누구와 더 가까운가?

자연과학과 법정 그리고 종교를 잇는 스펙트럼을 생각해보자. 자연과학은 물질적 증거를 가지고 이론적 주장에 대한 참과 거짓의 판단을 내린다. 종교는 사람의 간증을 통해 신앙에 관해 판단을 내린다. 법정에서는 판결을 내리는 근거로 물질적 증거와 간증의 효력을 모두 인정한다. 법정에서 제시되는 증거는 크게 두 가지로 구분된다. '물질적 증거(physical evidence)'와 '인간적 증거(human evidence)'다. 범인의 지문, 혈흔, CCTV 기록 등이 물질적 증거이며, 범인을 목격한 사람들의 증언이나 범인 스스로의 고백이 바로 인간적 증거다. 인간적

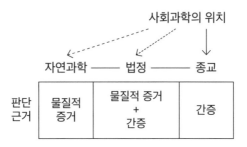

증거는 곧 사람들의 간증이다. 법정에서 물질적 증거에 못지 않게 간증은 판결의 핵심적 근거로 사용된다.

사회과학은 이 스펙트럼의 어디에 위치할까? 자연과학에 가까울까? 법정의 판단에 가까울까? 종교적 판단에 가까울까?

사회과학의 판단이 종교적 판단과 같다고 할 수는 없을 것이다. 아무래도 사회과학의 판단은 법정에서의 판단과 비슷해 보인다. 사회과학자와 판사가 다루는 사건이 사회적 관계에서 벌어지는 행위들이기 때문이다. 그렇다면, 사회과학의 방법론적 위치는 법정과 종교의 중간 정도에 해당하지 않을까 하는 생각이 든다. 그렇다면 사회과학의 주된 판단 근거는 간증일 수밖에 없다.

사회과학의 판단이 자연과학의 판단과 일치한다고 주장하는 사람은 없을 것이다. 기껏해야 사회과학은 자연과학과 법정의 중간 정도에 위치할 수밖에 없다. 하지만 이때도 사회과학자들은 간증이라는 방법론을 인정해야 한다. 목격자의 증언과 행위자의 고백을 증거로 인정하지 않을 이유가 없다. 많은 사회과학자들이 의지하는 '설문조사(survey)'는 사회에 대한 사람들의 의견이며 평가이고 고백이다. 이 역시 사람들의 간증이다. 이를 숫자로 표시하고 통계처리하여 마치 객관적 사실을 다루는 것처럼 행세할 뿐이다.

그럼에도 간증의 증거 효력을 인정하지 못하는 사회과학자들을 보노라면 안쓰러운 생각이 든다. 자연과학자의 흉내에서 벗어나지 못하는 사회과학자는 강박증에 빠진 지식인이다. 영어로 말해야만 학문을 제대로 하는 것처럼 생각하는 사람과 다를 바 없는 허구적 지식인이다.

이러한 이유에서 나는 간증의 방법을 활용하여 「빅데이터 정책 유행」이라는 제목의 논문을 작성했다. 사회과학자는 무엇보다 자기 자신에게 충실해야 한다. 외국의 유명한 학자가 말했다고 해서 그것이 진리인양 믿어서도 안 되고, 주장해서도 안 된다. 자신의 사회와 경험을 부끄러워하는 사람은 진정한 사회과학자가 될 수 없다. 사회과학자는 스스로 겪은 경험과 스스로 생각한 이론에 충실해야 한다. 그것이 사회과학의 진정한 방법론이다.

# 2부
# 사회의 구성 프레임

사회과학자는 사회가 어떻게 구성되어 있는지에 관한 '구조(structure)'와 그것이 작동하는 방식인 '메커니즘(mechanism)'을 이해하고 또 설명해야 한다. 제2부는 사회의 구조에 관한 이야기다. 그런데 제목을 '구조'라고 하지 않고 '프레임(frame)'이라고 달았다. 자연과학자들이 자주 사용하는 '구조'라는 말이 객관적인 측면을 강조한다면, 사회과학자들이 애용하는 '프레임'이라는 말은 주관적인 측면에 초점을 두기 때문이다.

사람들의 수많은 상호작용과 그것이 반복되도록 고정시킨 법률과 제도, 문화 등이 사회 구조를 형성한다. 수없이 많은 단계의 창발적 특성을 거쳐 제도가 만들어지고 문화가 형성된다. 그렇기 때문에 사회 구조에 대해 객관적으로 말하기는 쉽지 않다. 그래서 객관성을 강조하는 '구조'라는 단어보다 주관성에 초점을 두는 '프레임'이라는 말이 무난하다.

프레임은 '창틀'에서 나온 말이다. 건물 안에 있는 사람은 창틀을 통해 바깥 세상을 본다. 창틀이 사각형이면 세상은 사각형으로 보인다. 창틀이 동그랗다면 세상은 원형으로 보인다. 세상을 바라보는 창틀이 바로 프레임이다. 여기서는 사회를 바라보는 프레임을 이야기한다.

# 4강
# 사회의 네 영역

사회를 구성하는 네 개의 '영역(area)'이 있다. 정치와 행정, 그리고 경제와 집단이다. 네 영역은 모두 사람들의 모임으로 구성되지만, 그 모임이 지향하는 가치와 작동 방식이 다르다.

먼저 '경제(economy)' 영역에서 가장 중요한 것은 '돈(money)'이다. 돈을 벌기 위해 사람들이 모이며, 또 돈을 쓰기 위해 모인다. 여기서는 사람보다 돈이 더 중요하다. 사람은 그저 돈을 들고 있는 소유자에 불과하다. 돈을 들고 있는 사람을 자본가, 투자자, 기업가, 소비자 등으로 부른다.

다음으로 '집단(group, community)' 영역에서 가장 중요한 것은 사람들의 관계를 의미하는 '연(network)'이다. 가장 작은 규모의 집단이 가정이라면, 가장 규모가 큰 집단으로 가톨릭 같은 종교 단체를 생각할 수 있다. 전통적으로 우리 사회에서 뿌리 깊이 자리 잡아온 '학연'은 같은 학교의 선후배 집단, '지

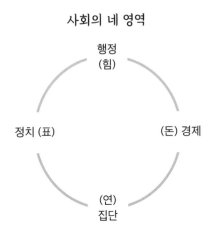

**사회의 네 영역**

행정
(힘)

정치 (표)　　　　　(돈) 경제

(연)
집단

연'은 같은 지역 출신의 집단, '혈연'은 같은 핏줄의 집단이다. 집단은 공식적으로 단체를 형성하기도 하지만, 비공식적으로 흩어져서 모임을 유지하기도 한다. 중요한 것은 사람들 간의 관계를 서로 인정하고, 그 관계를 중요하게 생각해서 도움을 주기도 하며, 심지어는 목숨마저 양보하기도 한다는 점이다.

　'정치(politics)' 영역은 사람들이 대표자 또는 리더를 선출하는 곳이다. 정치 영역에서 가장 중요한 것은 '표(ballot)'다. 표를 얼마나 얻는가 하는 것이 정치인의 생명을 좌우한다. 정치 체제에 따라 누가 투표하는지 결정된다. 민주주의 체제에서는 국민이 투표하지만, 왕정 체제에서는 권력을 지닌 왕이나 귀족들이 차기 왕을 결정하는 투표를 한다. 정치는 결국 표를 언는 과정이다.

'행정(administration)' 영역은 사회에 질서를 제공한다. 사회를 외부의 침략에서 방어하기 위한 군대, 사회의 질서를 파괴하는 범죄자들을 체포하는 경찰과 이들을 심판하는 법원, 결혼과 출생 등의 인구 정보를 기록하고 토지의 소유권을 관리하는 행정기관 등이 사회 질서를 유지하는 데 필요하다. 사회에 질서를 부여하고 유지하기 위해 가장 필요한 것은 '힘(force)'이다. 경찰이 사용하는 방망이나 총 같은 물리적 폭력, 법정의 판사가 징역형과 사형을 언도하는 힘, 그리고 행정기관이 음식점에 허가를 내주기도 하고 취소시키기도 하는 힘이다. 이를 보통 '공권력'이라고 부른다. 그만큼 행정에서는 힘이 중요하다. 막스 베버(Max Weber)는 "국가는 물리적 폭력을 합법적으로 행사하는 권한을 유일하게 독점한다"고 말했는데, 이때 국가는 행정을 의미한다.

이렇게 사회의 네 영역은 각자 중요하게 여기는 가치가 다르다. 경제는 돈, 집단은 연, 정치는 표, 행정은 힘을 중요하게 여긴다. 그것은 중요한 가치이기도 하지만, 통용되는 문화이기도 하다. 경제 영역에는 돈을 중요시하는 문화가 있다. 경제 영역에서 활동하는 사람이 돈을 밝힌다고 해서 비난할 수는 없다. 가끔 돈에 관심이 없는 척하는 기업인이 나타나곤 한다. 돈을 벌기 위해 사업을 하는 것이 아니라 약한 사람들을 도와주기 위해 사업을 한다고 말하기도 한다. 이런 기업인들은 경제의 본질에 충실하지 못한 사람들이다.

정치 영역에서 활동하는 정치인들은 더 많은 사람들의 지지를 얻어내기 위해 동분서주한다. 진심으로 존경하지 않으면서도 주민들 앞에서 90도로 인사하면서 표를 부탁하는 정치인들을 쉽게 볼 수 있다. 이러한 정치인들을 위선적이라고 비난할 수 없다. 그것이 정치 영역의 본질에 충실한 행동이기 때문이다. 간혹 주민의 의견에는 관심을 두지 않고 스스로 생각하는 선한 정책을 입안하는 데 몰두하는 정치인이 있다. 종종 이런 정치인들을 언론에서 훌륭한 정치인으로 평가하곤 한다. 하지만 정치의 본질을 망각한 정치인라고 할 수 있다. 이런 정치인들은 결국 무리한 정책을 입안하여 그가 속한 정당의 지지율을 떨어뜨리고 사회 전체에 해악을 가져오기 쉽다.

행정이 사용하는 힘을 고급스럽게 말하면 '권위(authority)'라고도 하고, '권력(power)'이라고도 한다. 행정부 공무원들이 소유한 힘은 공무원 개인이 가진 힘이 아니라 그들의 직책에 부여된 힘이다. 군대의 장군은 막강한 힘을 가지고 있지만, 그 자리에서 물러나는 즉시 모든 힘을 잃는다. 막스 베버는 그것이 합리적이라고 말한다. 행정부 공무원들이 그들의 직책에 허용된 힘을 사용하는 것은 자연스러운 일이다. 위험한 현행범을 제압하기 위해 경찰이 총을 사용하는 것을 비난할 수 없다. 행정의 공무원은 정치인과 다르다. 행정인은 주민의 지지를 얻으려 하기보다 주민들을 질서에 따르도록 해야 한다. 자신에게 허용된 힘을 사용하거나 또는 사용하지 않음으로써 주민의 지지를 도모하는 공무원은 행정의 본질을 위반하는 사람이다. 종종 언론이 주민에게 인기를 얻는 공무원을 칭찬하곤 한다. 하지만 공무원의 본질은 주민에게 인기를 얻는 것이 아니다.

집단은 원초적인 사회다. 집단에 속해 있다는 사실 자체만으로 집단은 구성원들을 보호하려고 한다. 자녀가 아무 일을 하지 않아도 자녀이기 때문에 부모는 먹여주고 재워주고 공부를 시킨다. 이전에 알지 못한 사람이 학교 후배라고 인사하면 저녁 식사를 사주기도 한다. 사회 활동을 하면서 만날 가능성이 거의 없는 사람이지만 같은 교회에 다닌다는 이유로 가족처럼 친밀하게 지내기도 한다. 이렇게 사람들의 관계를 중요하게 여기는 집단에서 돈 이야기를 꺼내거나 표를 부탁하거나 힘으로 누르려고 하는 행위들은 금기시되어 있다. 그것은 집단의 본질적인 문화에서 벗어난다.

# 5강
# 네 영역의 사회과학

경제는 돈, 집단은 연, 정치는 표, 행정은 힘을 그 핵심적인 가치로 삼는다. 그렇기 때문에 돈에 관심이 있는 사람은 경제학이나 경영학에 관한 공부를 하고, 사람들 간의 관계에 관심이 있는 사람은 사회학을 공부하고, 사람들의 관심과 지지를 받아 지도자(leader)가 되고 싶은 사람은 정치학을 공부하고, 국가나 사회의 질서를 지키는 힘을 동경하는 사람은 행정학 또는 법학을 공부한다.

사회과학의 학문적 특성을 분명하게 알지 못하고 전공을 잘못 선택하는 학생들을 종종 만난다. 사람들과 함께 작업하고 교제하는 것에 흥미를 느끼는 학생이 기업에서 많은 사람을 만날 수 있다고 생각해서 경영학을 전공한다. 그리고 그 학생은 얼마 지나지 않아 돈벌이를 강조하는 경영학의 풍토에 환멸을 느끼고, 행정학으로 전공을 바꾸려고 한다. 행정학은 경영학과 달리 돈을 강조하지 않을 것으로 기대하기 때문이다. 하지만 행정학과에 입학하고서는 행정학에서 인간적인 관계를 깊이 다루지 않고 복잡한 정책과 딱딱한 법제도만 이야기해서 답답해한다. 이 학생은 경제의 본질도 행정의 본질도 알지 못하지만, 무엇보다 집단의 본질을 알지 못하기 때문에 방황한다. 이 학생이 사람들 간의 관계를 다루는 사회과학은 사회학이라는 점을 미리 알았다면 그런 방황을 하지는 않았으리라.

방황하는 학생도 있지만, 방황하는 교수도 있다. 사회과학대학 교수들 중에서도 자신이 속한 학과의 본질을 알지 못

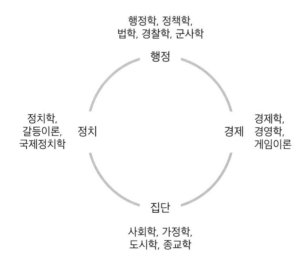

하는 분들이 많다. 기업의 본질이 돈을 버는 것이 아니라 고객을 지키는 것이라고 주장하는 경영학과 교수가 이런 사람이다. 이런 교수는 자신이 경제와 경영의 본질에서 벗어났다는 점을 알지 못한다. 오히려 이 세상의 모든 기업들이 잘못하고 있다고까지 주장한다. 자신의 방황에서 그치지 않고 학생들에게 잘못된 신념을 주입하고 혼돈에 빠지게 한다. 사실 이런 혼돈이 그 교수가 먹고사는 방법인 셈이다.

물론 경제 영역에서 돈만 추구하는 것은 아니며, 집단 영역에서 관계만 소중히 여기는 것은 아니다. 정치인에게 표가 가장 중요한 것만은 아니고, 행정인에게 힘이 만능일 수는 없다. 다만 각 영역에서 가장 중요한 수단이자 가치가 그러하다는 것이다. 행정 영역에서 돈의 소중함을 강조해야 한다고 주장할 수도 있고, 경제 영역에서 돈을 버는 것보다 고객과의 관계를 중시해야 한다고 주장할 수도 있다. 이를 통해 새로운 관점을 제시할 수 있으며, 새로운 측면을 발견할 수도 있다.

하지만 그것은 어디까지나 각 영역에 고유한 가치를 존중하는 전제에서 주장되거나 고려될 수 있다. 만약 그렇지 않다면, 본질이 바뀌는 것이다. 돈을 버는 것보다 고객과의 관계가 더 중요한 본질이라고 주장하는 기업이 있다면, 그 기업은 경제 영역이 아니라 집단 영역에서 활동하는 셈이다. 집단 영역에 속해 있다고 생각되는 종교 단체에서 수익을 강조한다면, 그 종교 단체는 집단 영역이 아니라 경제 영역에서 활동하는 셈이다.

사회과학자들은 자신의 연구가 진행되고 있는 영역이 어디인지를 처음부터 명확히 인식해야 한다. 경제를 연구한다면서 주민의 지지를 강조하고, 행정을 연구한다면서 수익의 극대화를 본질이라고 말한다면, 그런 사회과학자는 자신의 영역을 잘못 찾은 학자인 셈이다. 연구의 방향과 내용은 학자의 성격에 의해서가 아니라 연구 대상의 특성에 의해 결정되어야 한다.

# 6강
# 네 영역의 제도

사회 영역은 그 특성에 맞는 '통치 제도(governance)'를 지닌다. 통치 제도라는 말이 부담스럽다면, '운영 체제(operating system)'라고 말할 수도 있다. 사회 영역에 따라 '위에서 아래를 통제하는(top-down)' 방식의 통치 제도가 강조되기도 하며, '아래로부터 위로 형성되는(bottom-up)' 자발적인 운영 체제가 강조되기도 한다.

## 1. 경제 제도: 자본주의와 시장

경제는 '돈'을 중심으로 움직이는 곳이다. 경제의 모든 제도 역시 돈을 중심으로 움직이도록 짜여 있다. 이러한 제도를 총칭하여 '자본주의(capitalism)'라고 한다. 자본의 핵심은 돈이다. 자본에는 현금을 비롯하여 주식과 채권, 기업 간의 계약, 기계, 건물, 토지, 능력 있는 직원, 특허, 상표권 등이 포함된다. 이들의 공통점은 '돈이 될 만한 것'이라는 점이다. 결국 자본은 '돈'을 의미한다. 이렇게 돈이 될 만한 것을 중심으로 사람들이 움직이는 체제를 '자본주의 체제'라고 한다.

자본주의 체제에서 가장 대표적인 제도는 '시장(market)'이다. 시장이란 돈을 주고 물건이나 서비스를 받는 곳이다. 소비자는 돈을 들고 시장에 방문하여 물건이나 서비스를 선택한다. 공급자는 물건이나 서비스를 시장에 내놓고 적당한 돈을 주겠다는 소비자에게 판매한다. 이렇게 시장은 돈을 매개로 하여 거래가 이루어지는 장소다. 이러한 자본주의를 '시장자본주의'라고도 한다.

시장은 소비자의 '자유'를 소중하게 다룬다. 소비자가 원하는 상품을 원하는 가격에 살 수 있는 자유가 있어야 시장이 정상적으로 돌아간다. 가끔 이러한 자유가 보장되지 못하는 시장이 있다. 어리숙하고 힘없어 보이는 소비자를 현혹하고 옥박질러서 억지로 상품을 사도록 강제하는 상인이 있다. 이렇게 강매하는 상인은 처벌받는다. 강매 행위가 소문나면 그 시장에는 더 이상 소비자가 찾아오지 않는다. '자유'는 시장의 소중한 덕목이다. 소비자에게 '자유'가 중요하다면, 공급자의 덕목은 '경쟁'이다. 더 싸고 좋은 상품을 공급하는 경쟁이다. 공급자는 서로 경쟁하고, 소비자는 자유롭게 선택하는 풍경이 시장의 미덕이다.

그렇다면 이러한 시장의 덕목과 질서를 누가 지키는가? 그 누구보다 시장이 망하면 피해를 보는 것은 상인들이다. 시장에서 장사하는 상인들은 연합회를 만들어서 바람직하지 못한 상인들의 행동을 통제한다. 그런데 상인연합회의 힘으로 감당할 수 없는 사람들이 있다. 힘이 센 소비자가 비싼 음식을 먹고 돈을 못 내겠다고 행패를 부리는 경우다. 이럴 때 시장의 질서를 지켜주는 역할을 자임하는 집단이 조직폭력배다. 하지만 종종 조직폭력배는 상인들에게 더 큰 피해를 주곤 한다. 결국 시장의 질서와 덕목을 지키기 위해 행정이 개입한다. 경찰이 나서서 폭력을 행사하는 사람들을 잡아들이고, 공무원이 나와서 강매하거나 속이는 상인들을 단속한다.

이렇게 보면, 시장은 그 자체로 독립하여 존재하지 않는다. 시장이 존속하기 위해서는 다른 사회 영역인 행정의 도움을 받아야 한다. 행정 역시 마찬가지다. 행정은 그 자체로 존재할 수 없다. 행정에서 필요로 하는 수많은 자재와 기기들은 시장을 통해 공급받는다.

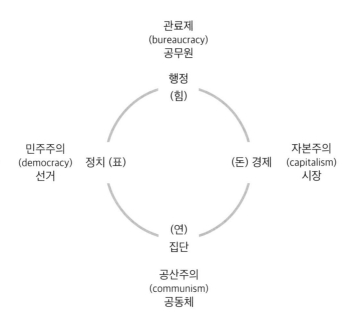

관료제
(bureaucracy)
공무원

행정
(힘)

민주주의
(democracy)
선거

정치 (표)

(돈) 경제

자본주의
(capitalism)
시장

(연)
집단

공산주의
(communism)
공동체

## 2. 집단 제도: 공산주의와 공동체

집단은 연(관계)을 중심으로 움직인다. 같은 연으로 연결된 사람에 대해서는 집단적으로 보호하고 지원한다. 이러한 운영 체제를 '공산주의(communism)'라고 한다. '공산주의'라고 하면 현대의 러시아, 중국 같은 국가의 정치 체제를 생각하기 쉽다. 하지만 가정 같은 집단 공동체는 태곳적부터 공산주의 방식으로 운영되어왔다. 공동으로 생산하고 공동으로 소비하

는 방식이다. 초기 기독교 교회 역시 공산주의 방식으로 운영
되었다. 공산주의 제도가 정치에 적용된 것은 불과 100여 년
전이다.

공산주의는 코뮨, 즉 같이 생활하는 사람들의 집단인 '공
동체(community)'를 중시한다. 공동체의 가장 대표적인 제도는
'가정(family)'이다. 가정은 가족 구성원에 대한 최대의 보호와
지원을 원칙으로 한다. 가정을 구성하는 자녀들이 생산 활동
에 기여하지 않더라도 가정은 자녀들을 최대한 지원한다. 나
이가 들고 쇠약해져서 생산 활동에 참여할 수 없는 노인들에
대해서도 마찬가지다. 하지만 다른 집의 자녀나 노인에 대해
서는 별다른 관심을 두지 않는다. 옆집 아이가 굶는다고 해도
잘 알지 못한다. 이것이 바로 공동체의 본질이다.

공산주의 국가는 가정의 운영 원리를 국가에 적용한다.
같은 국가에 속하는 사람에 대해서는 생산 활동에 참여하지
않더라도 그 사람의 생존과 복지를 국가가 책임지고 지원한
다. 가정에서 사용하는 가구와 텔레비전 등에 대해 소유권을
가리지 않듯이, 국가의 공장과 토지에 대해 소유권을 구분하
지 않는다. 모두 가정의 소유이듯, 모두 국가의 소유다.

국가 수준에까지 공산주의 원리를 적용한 것은 최근 100
여 년의 일이다. 공산주의는 기껏해야 마을 수준에서 적용되

던 제도다. 이를 '마을 공동체'라고 부른다. 하지만 마을 공동체라고 하더라도 마을에 속한 사람들의 모든 소비를 지원하는 것은 아니다. 농사짓는 일이나 장례식을 함께 수행하는 정도다. 초기 기독교 공동체도 공산주의를 실천했다. 자신의 생명까지도 희생할 수 있는 신앙 공동체에서 공산주의는 무리한 방식이 아니었을 것이다.

기본적으로 공산주의는 집단(공동체) 구성원들의 연을 중시한다. 자본주의가 돈을 중시하는 제도라고 한다면, 공산주의는 돈이 아니라 사람을 보는 제도다. 다만 같은 집단의 사람인가 다른 집단의 사람인가 하는 점이 중요하다. 하지만 집단의 규모가 마을을 넘어서게 되면, 구성원들이 서로 잘 알지 못한다. 공산주의 국가처럼 규모가 큰 공동체에서 연은 추상적인 이념으로 존재한다. 마치 종교 공동체가 신앙으로 유지되듯, 공산주의 국가는 연에 대한 믿음, 즉 '이념(ideology)'에 의해 움직일 수밖에 없다. 이러한 이념을 중심으로 결성된 모임이 바로 '공산당'이다. 공산당은 자신의 정치적 이해를 달성하기보다 국가 구성원들에게 공산주의 이념을 전파하고 유지하는 것을 더 중요시한다. 그래야 공산주의 국가가 유지되기 때문이다.

## 3. 정치 제도: 민주주의와 투표

집단 영역은 자연스럽게 정치 영역으로 옮겨간다. 구성원의 연이 명확한 가정이나 마을 같은 소규모 집단은 굳이 정치를 필요로 하지 않는다. 구성원들 간에 다툼이나 이견이 발생하는 경우, 서로 자제해서 해결할 수 있다. 하지만 규모가 큰 집단에서는 구성원들의 갈등을 해결하기 어렵다. 조그만 갈등은 더 큰 갈등으로 비화되기 쉽고, 결국 집단 공동체가 분열되고 쪼개진다.

집단 구성원들의 갈등과 분쟁을 해결하기 위해 구성원들의 의견을 수렴해서 전달하는 '대표자'가 필요하다. 보통 '대표자'는 누구나 꺼리는 일이다. 자신의 생업을 중단해야 할 뿐만 아니라 분쟁에 휘말리다 보면 미움을 받게 된다. 그렇기 때문에 집단 구성원들은 '대표자'에게 금전적인 지원을 할 뿐만 아니라 명예로운 호칭을 부여하기도 한다. 이른바 단순한 '대표자'가 집단 구성원들의 '지도자(leader)'로 인정받는다. 이제 더 많은 사람들이 '지도자'로 나서기를 원한다.

집단 구성원들의 대표자를 정해서 갈등을 처리하고 집단 구성원들의 의견을 모아가는 일이 바로 '정치(politics)'다. 누구를 대표자로 정할 것인가에 따라 다양한 정치 체제로 구분된다. 왕정 체제에서는 현재의 왕이 다음 왕을 정한다. 소수의 권력자들이 모여서 왕을 정하는 정치도 있다. 이를 '귀족 정치'라고 부른다. 이에 반해 주민들의 의견에 따라 지도자를 정하는 정치를 '민주주의'라고 한다. '민주주의(democracy)'라는 말은 '민중'이라는 뜻의 'demo'와 '통치'라는 뜻의 'cracy'가 합쳐진 말이다.

민주주의는 민중의 의견을 확인하기 위해 '선거(voting)'라는 제도를 운영한다. 주민들이 선거에 참여해서 지도자를 뽑을 수도 있으며, 주민들의 대표자가 선거에 참여해서 지도자를 정할 수도 있다. 전자를 '직접 민주주의', 후자를 '간접 민주주의'라고 부른다. 우리나라 같은 경우는 직접 민주주의다. 국회의원, 대통령, 시장, 군수 같은 대표자 또는 지도자를 주민들이 직접 선거를 통해 정한다.

국회의원 선거는 상당히 복잡한 방식으로 진화했다. 기본적으로는 지역으로 나누어진 집단 구성원들의 대표를 선발한다. 지역구를 대표하는 국회의원이다. 이에 더하여 사회 각 계층의 대표를 선발하기도 한다. 이른바 비례대표 국회의원이다. 그런데 사실은 비례대표 국회의원을 국민이 직접 뽑을 수는 없다. 정당이 미리 각 계층의 대표들을 선발하고, 지역구 국회의원 선거에서 정당이 표를 얻은 만큼 비례해서 당선된 것으로 인정한다. 이렇게 각 집단의 대표로 선발된 국회의원은 법률을 만들고 예산을 심의하는 국회에 파견되어 업무를 수행한다. 국회의원 혼자 온갖 업무를 수행하는 것은 불가능하다. 그래서 뜻을 같이하는 국회의원들이 모여서 조직을 만든다. 이를 '정당(political party)'이라고 한다. 새로운 정책을 도입해야 한다고 주장하는 정당을 보통 '진보 정당'이라고 부르고, 전통적인 정책을 지켜야 한다고 주장하는 정당을 '보수 정당'이라고 부른다.

선거를 통해 집단의 대표를 선발하는 것에 그치지 않는다. 집단의 지도자, 즉 행정의 지도자를 선발하기도 한다. 대통령 선거, 시장 선거, 군수 선거가 그러하다. 이 선거에서 당선된 사람들은 정당을 구성하는 데 참여하기보다는 행정의 '수장(leader)'으로 취임하여 행정을 지휘한다. 국회의원 선거에 당선된 사람은 정치인이지만, 행정 수장 선거에 당선된 사람은 정치인이라기보다는 행정인에 가깝다.

100년 전까지만 하더라도 주민들의 의견을 확인하는 일은 쉽지 않았다. 투표를 하기 위해 주민들이 투표소까지 왕래하기도 어려웠으며, 주민들이 투표한 투표용지를 분류해서 세는 것도 어려운 일이었다. 게다가 글자를 모르는 주민들이 많았다. 그렇기 때문에 간접 민주주의가 현실적이었다. 하지만

21세기 정보통신 시대에 투표는 그다지 어려운 일이 아니다. 다만 누구나 투표 결과를 인정할 수 있을 만큼 공정하고 투명하게 투표를 관리하는 것이 점점 더 중요해졌다. 이를 담당하기 위해 '선거관리위원회'라는 조직이 만들어졌다. 선거관리위원회는 21세기 들어 대한민국에서 가장 빠르게 성장하는 공공기관 중의 하나다.

## 4. 행정 제도: 관료제와 공무원

정치를 통해 행정의 지도자를 선발하지만, 행정의 본체는 정치로부터 독립되어 있다. 방대한 규모의 행정부를 정치와 연결시키면, 선거를 치를 때마다 행정부가 바뀌어 엄청난 혼란이 발생한다. 따라서 정치적 변동과는 무관하게 국가의 질서를 유지하는 제도가 필요했다. 이러한 제도가 바로 '관료제'다.

관료제에 대해서는 많은 오해가 있다. '관료주의'라는 말 자체를 부정적으로 사용한다. "조직이 관료주의에 빠졌다"고 말하면, 무언가 잘못되었다는 뜻이다. 많은 행정학자들이 관료주의를 부정적으로 서술한다. 관료주의에 대해 부정적으로 생각하다 보니 깊이 있게 공부하지도 않는다. 그러다 보니 관료주의에 대한 부정적인 관념이 고착되는 악순환에 빠진다. 관료제에 대한 이런 오해는 행정부에 대한 부정적 시선으로 이어지곤 한다.

막스 베버가 말한 관료제는 현대의 합리성을 대표하는 긍정적인 개념이다. '관료제(bureaucracy)'는 '책상' 또는 '작은 방'을 뜻하는 bureau와 '통치'를 뜻하는 cracy가 합쳐진 말이다. 결국 '관료제'는 '작은 방에 의한 통치'를 의미한다.

중세시대 유럽은 봉건군주제도에 의해 통치되었다. 일정한 영토를 관장하는 군주가 마음대로 통치하는 제도였다. 주민들이 결혼하거나 이사를 가거나 공장을 짓기 위해서는 군주의 허락을 받아야 했다. 그러던 유럽사회에서 막스 베버는 새로운 현상을 목격했다. 결혼하려는 주민들이 군주에게 찾아가지 않고 조그만 건물의 '작은 방'에 가서 서류를 제출하고 도장을 받는 장면을 목격한 것이다. 이사를 가려는 주민이나 공장을 지으려는 주민도 군주를 찾아가지 않고 '작은 방'에 가서 서류를 제출하고 도장을 받는다. 주민에게 군주를 찾아가서 허락을 받는 일은 공포스러운 일이었다. 아름다운 신부와 결혼하려고 군주를 찾아갔다가 군주에게 신부를 빼앗기기도 했다. 공장을 지으려고 했다가 공장을 빼앗기기도 했다. 그런데 '작은 방'에 가서 결혼을 신청하는 주민은 더 이상 그런 공포를 격정하지 않아서 좋았다. 제대로 작성한 서류를 제출하면 도장을 받기 마련이었다. 획기적인 아이디어를 가진 사람도 군주의 횡포를 걱정하지 않고 공장을 지을 계획을 세울 수 있게 되었다. '작은 방'의 통치는 군주의 '자의성'을 제거했다.

'비자의성(impersonality)'을 보장하는 관료제는 현대사회가 추구하는 '합리성(rationality)'의 바탕을 제공했다. 주민들은 비로소 공장을 지어서 물건을 만들고 시장에 내다 팔 계획을 세울 수 있었고, 이를 위해 자신의 농토를 팔고 돈을 빌리고 이사할 계획을 세울 수 있었다. 이런 일들은 군주의 자의성에 휘둘리지 않을 것이라는 보장이 있을 때 비로소 가능한 일이다. 이런 점에서 관료제는 산업혁명을 가능하게 만든 제도적 장치라고 할 수 있다.

'작은 방'에 의한 '통치'인 관료제는 군주의 자의성을 차단하며 철저하게 서류에 의해 업무를 진행시킨다. 이를 수행하는 사람은 '관료(bureaucrat)'다. 관료제가 제대로 기능하기 위해서는 문서를 읽고 처리할 수 있는 능력을 지닌 사람을 관료로 선발해야 하며, 일단 선발한 관료의 임기를 보장하여 군주의 자의적인 압력에 휘둘리지 않게 보호해야 한다. 이렇게 선발되고 신분보장을 받는 관료를 '공무원'이라고 한다. 관료제에서 가장 중요한 제도는 바로 공무원 제도다.

우리나라의 공무원은 행정고시를 통해 선발한다. 9급 공무원 채용 시험도 있으며, 5급 공무원 채용 시험도 있다. 때때로 박사학위를 취득한 사람을 특별 채용하기도 한다. 로스쿨이라고 불리는 법학전문대학원을 졸업하고 자격시험을 통과한 사람들에게 변호사 자격증을 부여하고 사법 기관에 채용한다. 이렇게 공무원으로 임용된 사람들은 정치에 관여하지 말아야 한다는 '정치적 중립' 의무가 부여된다. 그와 동시에 공무원에게는 근거 없이 해고되지 않는다는 '신분보장'의 권리가 부여된다. 공무원으로서 특정 정치인이나 정당을 지지해서도 안 되지만, 특정 정치인이 대통령이나 시장이 되었다고 해서 공직에서 쫓겨나서도 안 된다는 것이다. 전자가 정치적 중립의 의무이고, 후자가 신분보장의 권리인 셈이다. 이렇게 행정은 정치로부터 그 독립성이 보장된다. 정치로부터 독립하여 공평하게 국가의 질서를 유지하는 것이 행정의 본질이기 때문이다.

서양사회에서 관료제가 등장한 것은 수백 년 전의 일이었지만, 동양사회에서 관료제는 수천 년 전부터 존재했다. 동양사회의 관료제는 인(仁)과 예(禮)를 강조하는 유학에 뿌리를 두었다. 유학의 이념을 따르는 동양의 관료제 역시 왕의 자의성을 엄격하게 제한했다. 동양의 관료제는 '인'과 '예'라는 도리를 왕보다 우선했기 때문이다. 동양사회에서 관료제는 단순히 왕의 명령을 집행하는 기관이 아니라 유교 질서를 유지하고 구현하는 제도적 장치였다. 다만 유교의 근본적 질서에서 '군위신강(君爲臣綱)'을 포함하여 왕의 존재를 인간사회의 당연한 도리로 인정하고 있어서 동양의 관료제는 군주의 권위를 전제로 하는 한계를 가지고 있었다.

# 7강
# 공적 세계와 사적 세계

사회의 네 영역은 공적(public) 세계와 사적(private) 세계로 나눌 수 있다. 정치와 행정은 공적 세계에 속하고, 경제와 집단은 사적 세계에 속한다. 그러면, 공적 세계와 사적 세계는 어떻게 구분되는가?

공적 세계와 사적 세계를 구분 짓는 개념은 '공공성(publicness)'이라는 개념이다. 공공성의 특성이 있는 세계가 공적 세계이며, 공공성에서 자유로운 세계가 사적 세계다. 공공성의 개념은 오래전부터 사용되어왔지만, 공공성의 개념이 명확하게 정해져 있는 것은 아니다. 이 개념을 논의하는 학자들은 제각기 다양한 이야기를 펼친다.

학자들의 이야기에서 공통되는 점을 추려보면 이렇다. '공공성'이 적용되는 '공적 세계'는 사회 전체를 중요하게 생각하고, 이에 반해 '사적 세계'는 개인을 중요하게 생각한다. 그리고 공통점이 한 가지 더 있다. 정치와 행정은 '공적 세계'에 속하고, 경제와 집단은 '사적 세계'에 속한다는 점이다.

공적 세계는 사회 전체를 중요하게 생각하기 때문에 개인의 이익인 '사익(私益)'을 추구하는 행위는 금지된다. 공적 세계에서 활동하는 사람들은 사회 전체의 이익인 '공익(公益)'을 추구할 것으로 기대된다. 공적 세계에서 활동하는 정치인이나 공무원이 사익을 추구하면, 부정부패를 저지른다고 비난받는다.

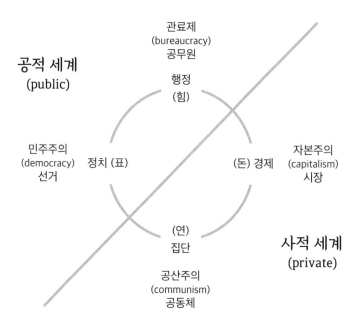

사적 세계에서는 개인의 이익을 추구하는 것이 당연시된다. 물론 사적 세계라고 하더라도 한 개인의 이익만을 추구하는 것은 아니다. 그 사람이 속한 조직의 이익을 추구할 수도 있다. 상품을 생산하는 기업의 직원은 기업의 이익을 추구함으로써 결과적으로 자신의 이익을 확보할 수 있다. 이때 그 기업의 이익을 '사익'이라고 하지, '공익'이라고 하지는 않는다. 집단 영역에서도 마찬가지다. 가정을 지키기 위해 부모가 희생한다고 하더라도 그것을 공익이라고 부르지 않는다. 마찬가지로 종교 집단의 이익을 위해 개인이 순교한다고 하더라도 그러한 희생을 공익을 위한 것이라고 말하지는 않는다. 현대사회에서 가정과 종교는 사적인 세계에 속하는 것으로 분류되기 때문이다.

사회 전체를 우선시하는 공적 세계에서는 대부분의 활동이 투명하게 공개된다. 물론 비밀스러운 군사 활동이나 경찰 수사 같은 예외도 존재한다. 하지만 대부분 공적 세계에서의 활동은 그 예산과 함께 공개되는 것이 원칙이다. 그래야만 공적 세계에서 부정부패가 있는지 없는지 감시할 수 있기 때문이다.

이에 반해 사적 세계에서는 대부분의 활동에 대해 비밀이 보장된다. 사적 세계는 개인의 프라이버시가 보장되는 공간이며, 그 공간에서 개인은 진정한 자유를 누릴 수 있다. 영어 'privacy'라는 말 자체가 '사적 영역(private area)'에서 유래된 말이다. 사적 세계는 온전히 사적 세계의 행위자인 개인과 집단에 맡겨진 세계로, 타인의 감시를 받지 않는다.

# 8강
# 가치와 수단: 과거와 현재 그리고 미래

　사회의 네 영역은 가치와 수단을 기준으로 구분되기도 한다. 공적 세계에서 어떠한 가치를 추구할 것인가를 결정하는 영역은 정치이고, 그 가치를 실현할 수단은 행정이 제공한다. 사적 세계에서 집단은 추구할 가치를 제시하고, 경제는 그 가치를 현실에서 구현하는 수단을 제공한다.

　이때 '가치(value)'에 대비되는 정확한 단어는 '사실(fact)'이다. 그리고 '수단(means)'에 대응하는 단어는 '목적(ends)'이다. 그러니까 가치와 목적은 유사한 개념이다. 추구할 만한 가치가 있는 것이 목적이 된다. 그리고 현실에서 실제로 구현할 수단은 어디까지나 사실이어야 한다. 그래서 수단은 사실과 유사한 개념이다.

　정치 영역에서 대체로 진보적인 정당은 '평등'을 강조하고, 보수적인 정당은 '성장'을 강조한다. 이러한 '평등'과 '성장'

이 가치인 셈이다. 그리고 이러한 가치는 행정이 추구해야 할 목적이 된다. 그런데 어떻게 해야 '평등'이라는 가치를 구현할 수 있는가? 행정은 부자들에게 더 많은 세금을 거두고, 가난한 사람들에게 더 많은 예산을 지원한다. 세금을 거두고 예산을 지원하는 일이 바로 '평등'이라는 목적을 구현하기 위한 수단이다. 이처럼 수단은 눈에 보이고 손으로 만질 수 있는 사실의 세계에 있는 것들이다. 이에 반해 '평등'이라는 목적은 사실이 아닌 가치의 세계에 존재하는 것으로 이념이고 방향성이다.

집단에는 다양한 가치가 존재한다. 가정은 그 자체가 지켜야 할 가치이기도 하다. 가정에 속하는 부모는 효도의 대상이고, 자녀는 사랑의 대상이다. 출신 학교의 명예를 강조하는 학연, 출신 지역에 대한 애향심을 말하는 지연이 있다. 종교 집단에서는 사람에 대한 사랑에서 하나님에 대한 사랑에 이르기까지 다양한 가치가 제시된다.

이에 비해 경제 영역에서는 모든 가치가 '돈'으로 귀결된다. 상품의 가치도 돈으로 평가되며, 서비스의 가치도 돈으로 평가된다. 심지어 경제 영역에서는 사람의 가치도 돈으로 환산된다. 경제에서 '돈'은 가장 중요한 가치다. 그런데 가만히 생각해보면, '돈'은 사실상 가치라고 할 수 없기도 하다. 엄밀하게 보면, 돈은 단순히 '종이'에 그림을 그린 것에 불과하다. 지폐는 그 자체로 아무런 가치가 없다. 지폐에 그려져 있는 가치에 해당하는 상품이나 서비스를 제공하겠다는 사회적인 약속이 존재할 뿐이다. 그렇다면, 지폐는 사회적으로 약속된 '수단'일 뿐이다. 수단으로서의 가치만 있는 것이 '돈'이다. 이렇게 경제 영역은 그 자체가 온통 수단인 셈이다. 게다가 지폐라는 돈은 눈으로 확인할 수 있고 만질 수 있는 사실의 세계에 존재한다. 사실의 세계에 존재하기 때문에 다른 사람들도 확인할 수 있다. '돈'은 그야말로 사회 전체가 확인할 수 있는 '사실'이요, 사회 전체가 약속한 '수단'인 셈이다.

이렇게 가치와 수단의 기준으로 사회의 네 영역을 구분해보면, 행정과 경제가 수단의 세계로 묶이고, 정치와 집단이 가치의 세계로 묶인다. 행정은 사실적 힘에 바탕을 둔 수단이며, 경제는 사실적 돈에 근거하는 수단이다. 행정은 공적 세계에서 사용하는 수단이며, 경제는 사적 세계에서 사용하는 수단이다. 이에 비해 정치와 집단은 가치와 목적을 제시한다. 집단 영역에서 개인은 자신이 속한 공동체에서 가치와 삶의 목적을 발견한다. 정치 세계에서 어떤 정당이 선거에서 승리하는가에 따라 어떠한 가치를 추구할 것인지를 결정한다. 정치는 공적 세계에서 추구할 가치를 결정하고, 집단은 사적 세계에서 추구할 가치를 제공한다.

사실적 수단을 추구한다는 점에서 공적 세계의 행정학과 사적 세계의 경영학은 비슷한 내용으로 구성되어 있다. 공적 세계의 정책학과 사적 세계의 경제학은 예산을 중심으로 하여 공통된 논의를 한다. 가치와 목적을 중시한다는 점에서 정치학과 사회학은 유사하다. 특히 가치와 가치의 갈등을 중요하게 다룬다는 점에서 정치학과 사회학은 공통분모를 갖는다. 다만 갈등의 해소에서 정치학이 공적 세계를 강조한다면, 사회학은 사적 세계를 중시한다.

종종 입법, 사법, 행정의 삼권 분립 구도가 민주주의의 핵심적인 제도로 논의되곤 한다. 입법은 법률을 만들고, 행정은 법률을 집행하고, 사법은 법률 위반을 심판한다. 입법부는 '정치 영역'을 구성하며, 행정부와 사법부는 '행정 영역'을 구성한다. 입법부는 새로운 가치를 목적으로 하는 법률을 만든다. 입법부가 만드는 법률은 현재에 존재하지 않는 가치다. 입법부는 미래를 지향한다. 행정부는 이렇게 만든 법률을 현재의 시간에 사실의 세계에서 구현한다. 이를 '집행(implementation)'이라고 한다. 행정은 현재를 담당한다. 그리고 사법부는 법률을 위반한 범죄 사실을 판단한다. 범죄는 과거에 발생한 사실이다. 사법부는 과거의 사실을 밝히고 그 법률 위반성을 심판한다. 따라서 사법부는 과거를 심판한다.

그래서 나는 미래학회 활동을 하면서 하나의 캐치프레이즈를 제시한 적 있다. "사법부는 과거, 행정부는 현재, 입법부는 미래를 담당한다"는 캐치프레이즈였다. 이러한 캐치프레이즈를 제시할 때까지만 해도 대부분의 지식인들은 "미래에 관한 업무는 행정이 담당할 업무"라고 생각했다. 실제로 박정희 정부에서는 '경제개발 5개년 계획'을 발표하면서 국민에게 미래의 방향을 제시하곤 했다. 이러한 경험이 머리에 각인된 지식인들은 "미래를 계획하는 일은 행정이 해야 할 일"이라고 생각한다. 하지만 행정은 사실에 초점을 두고 '현재의 시간'에 집중한다. 행정 공무원이 국가와 사회의 미래를 염려하고 미래를 준비하기 위해 정책을 제시하는 것 역시 자연스러운 업무다. 하지만 국가와 사회가 미래에 가야 할 방향을 결정할 권한과 의무는 입법부에 주어져 있다. 입법부가 미래의 방향을 논의하지 않으면, 행정부의 관심은 현재에 매몰되기 쉽다.

"사법부는 과거, 행정부는 현재, 입법부는 미래"라는 캐치프레이즈를 제시하면서, 국회에 '미래연구원'을 설치해야 한다고 주장한 적 있다. 당시 많은 국회의원이 "국회가 왜 미래를 연구해야 하는가?"라며 부정적인 의견을 피력했다. 심지어 진보적인 의원들조차 국회의 미래 연구를 반대했다. 과거를 올바로 판단하고 정립하는 일이 정치인의 임무라고 믿는 정치인도 있었다. 많은 사람들이 자신이 어느 영역에 속해 있는지, 무슨 일을 해야 하는지 잘 모른다. 자신이 속한 정치, 행정, 경제, 집단의 위상을 명확하게 인식할 때 각자의 역할에 충실할 수 있다.

# 9강
# 경쟁과 협동

　이제 사회의 네 영역이 지닌 고유한 특성을 말할 때가 되었다. 집단은 사적 가치를 품고 있으며, 경제는 사적 수단을 제공한다. 정치는 공적 가치를 창출하는 장이며, 행정은 공적 수단을 제공하는 조직이다.

　그런데 흥미로운 점이 있다. 경제와 정치 영역에서는 '경쟁(competition)'이 구성원들의 주된 행동 양식이라면, 행정과 집단 영역에서는 '협동(cooperation)'이 주된 행동 양식이라는 점이다. 정치인들은 더 많은 표를 얻기 위해 선거에서 경쟁한다. 기업인들은 더 많은 돈을 벌기 위해 시장에서 경쟁한다. 행정의 관료제에서 공무원들은 상하 간의 협동, 기관과 기관 간의 협조를 통해 업무를 수행한다. 집단의 공동체에서도 대부분 구성원들 간의 경쟁이 아니라 양보와 협동을 권장한다.

　공적 세계의 정치는 어떠한 가치를 추구할 것인가를 두고

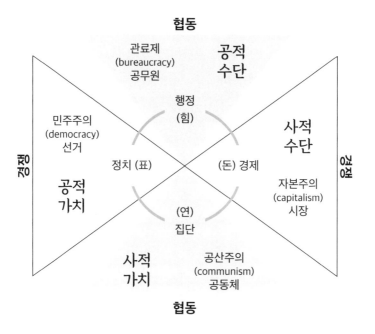

협동

관료제
(bureaucracy)
공무원

공적
수단

행정
(힘)

민주주의
(democracy)
선거

사적
수단

경쟁

협동

정치 (표)

(돈) 경제

공적
가치

자본주의
(capitalism)
시장

(연)
집단

사적
가치

공산주의
(communism)
공동체

협동

경쟁한다. 공적 세계에서 사용하는 수단에 대해서는 행정에 맡긴다. 사적 세계는 이와 반대다. 사적 세계에서는 수단이 되는 돈을 놓고 경쟁한다. 사적 세계에서 어떠한 가치를 추구할 것인지에 대해서는 집단에 맡긴다.

사적 세계에서 어떠한 가치를 추구할 것인지는 개인이 선택할 수 있다. 내가 불교를 믿고 싶으면 절에 가고, 기독교를 믿고 싶으면 교회에 간다. 절의 공동체에 속해 불경에서 제시하는 가치를 추구하고, 교회 공동체에 속해 성경에서 제시하는 가치를 추구한다. 그것은 개인의 선택이다. 하지만 사적 수단인 돈은 제한되어 있다. 제한되어 있는 돈을 취하려는 개인들은 경쟁할 수밖에 없다.

공적 세계에서는 여러 가치를 동시에 추구할 수 없다. 국가나 사회 전체가 모순되는 가치를 추구할 수 없다. 가난한 자를 보호하는 '평등'이라는 가치를 추구하는 동시에 부자의 편을 드는 '성장'이라는 가치를 동시에 추구할 수 없다. 한 도시의 미래에 대해서도 자연 환경을 보호할 것인가 아니면 공장을 유치할 것인가를 놓고 갈등이 벌어지곤 한다. 어떠한 공적 가치를 추구할 것인가를 놓고 주민들 간에 갈등이 발생하기도 한다. 이러한 갈등을 해소하는 정치가 선거다. 선거는 정치인들 및 정당들의 경쟁을 통해 어떠한 가치를 추구할 것인지를 결정한다.

정치적 경쟁을 통해 추구할 '가치'가 결정되면, 이에 대한 집행은 행정이 담당한다. 그런데 행정 공무원들은 어떠한 수단을 동원할 것인지에 대해 경쟁할 필요가 없다. 공무원이 원하는 수단을 동원할 수 있다면 사용하는 것이고, 동원할 수 없다면 사용하지 않을 뿐이다. 왜 그런가? 공무원이 특정한 수단을 동원할 수 없다면, 그것은 정치 영역에서 그 수단을 중요하지 않게 평가했기 때문이다. 예를 들어 가난한 노인을 지원하기 위해 100억 원이 필요한 공무원에게 예산이 10억 원만 내려왔다면, 공무원은 어쩔 수 없이 10억 원의 범위 내에서 사용할 수밖에 없다. 나머지 90억 원을 얻어내기 위해 다른 부서의 공무원들과 싸울 필요도 없고, 싸운다고 얻을 수 있는 것도 아니다. 정치 영역에서 선거를 통해 집권한 여당이 그렇게 예산을 배정했기 때문이다. 공무원이 할 수 있는 일은 주어진 예산 범위 내에서 반드시 지원해야 할 노인들을 선별해서 늦지 않게 지원하는 일이다. 이를 위해 협조를 구하는 것이 공무원이 할 일이다.

차후에 그 공무원은 더 많은 예산이 필요하다는 점을 정치인들에게 설득할 수 있다. 다만, 공무원의 설득은 협조를 위한 설득이다. 다른 부서의 예산을 빼앗으려는 경쟁적 설득은 공무원의 선을 넘는 행동이다.

# 3부
# 사회의 작동 메커니즘

제2부에서 다룬 프레임이 사회를 구성하는 영역이 무엇인가(what)에 관한 것이라면, 제3부는 이러한 영역들이 어떻게(how) 작동되는가에 관한 것이다. 사회가 무엇으로 구성되어 있는지 알고, 그것이 어떻게 움직이는지 이해한다면, 비로소 사회 구조를 안다고 할 수 있다.

'메커니즘'이라는 말은 다분히 공학적 개념이다. 기계를 만들기 위해서는 먼저 구성 부품들을 준비한다. 다음에 부품들을 연결시켜 작동될 수 있는 기계를 조립한다. 그리고 에너지를 투입하여 기계를 작동한다. 기계가 어떠한 부품들로 구성되는지를 이해하는 것을 프레임에 대한 이해라고 한다면, 기계의 부품들이 어떻게 연결되어 작동하는지를 이해하는 것이 메커니즘에 대한 이해다.

사회의 작동 메커니즘이라는 것은 "사회를 거대한 기계(machine)로 본다"는 것을 의미한다. 기계는 두 가지 근원적인 특성을 지닌다. 첫째, 기계는 사람이 만든 것이다. 이를 '인공성(artificiality)'이라고 한다. '인공지능(artificial intelligence)'이라는 말은 "사람이 만든 지능"이라는 뜻이다. 둘째, 기계는 목적을 지닌다. 사람이 기계를 만들 때는 기계를 통해 달성하려는 목적이 있다. 이러한 기계의 목적을 '기능(function)'이라고 부르기도 한다. 에

어컨의 기능은 공기를 차갑게 하는 것이다. 이때 에어컨의 메커니즘이란 에어컨 기계의 부품들이 어떻게 연결되고 작동하여 공기를 차갑게 하는 기능을 달성하는지를 의미한다.

사회를 기계로 본다는 것은 사회 역시 인공성과 기능성을 지닌다고 보는 것이다. 하나의 사회 제도를 만들기 위해 사람들은 오랜 시간에 걸쳐 많은 노력과 희생을 감수한다. 민주주의는 피를 먹고 자란다는 말이 있을 정도다. 그렇게 만든 사회 제도를 유지하는 데도 많은 노력이 필요하다. 가정이라는 집단이 저절로 유지되는 것은 아니다. 거기에는 부부의 희생과 협동이 끊임없이 요구된다. 이렇게 사람들이 온갖 희생과 노력을 기울여 만들고 유지하는 사회 제도이기 때문에 사회 제도는 근원적으로 사람이 만든 '인공성'의 성격을 지닌다.

그런데 사람들은 왜 그토록 애써서 사회 제도를 만들고 유지하려고 노력하는가? 그러한 사회 제도를 통해 달성하고자 하는 목적 또는 기능이 있기 때문이다. 매년 많은 예산을 들여가면서 행정부를 가동시키고 공무원을 유지하는 것은 이를 통해 달성하고자 기대하는 기능이 있기 때문이다. 사회 제도라는 기계는 수단이 되고, 사회 제도에 기대하는 기능은 목적이 된다. 사회 제도의 메커니즘이란 사회 제도가 어떻게 작동하여 그 기능을 달성하는가를 의미한다.

# 10강
# 자원할당과 갈등해소

　사회의 네 영역은 어떠한 기능을 수행하는가? 이는 대단히 어려운 질문이다. 질문이 어려운 만큼 대답 역시 어렵다. 그런데 놀라운 점은 그 질문에 대한 대답이 내 마음속에 있다는 사실이다. 지난 40여 년간 책을 읽고 논문을 읽으면서, 그리고 많은 학자들과 대화하고 회의하면서 내 마음속에 그에 대한 대답들이 쌓여온 모양이다. 학자들의 글이 씨앗이 되어 내 마음속에서 쌓이고 자라서 대답이 되었다. 하지만 특별히 어느 학자의 글이 대답이 된 것은 아니다. 40여 년의 학자 생활을 하면서 의식적으로 또는 무의식적으로 내 마음에 쌓여온 생각이다. 어느 날 학생들에게 사회 제도의 기능에 대해 강의하려고 하니 나도 모르게 내 마음에서 흘러나온 답이 있었다. 이것이 나의 간증이며, 나의 사회과학 방법론이다.

　사회의 네 영역에 기대하는 기능은 무엇인가? 내 마음에

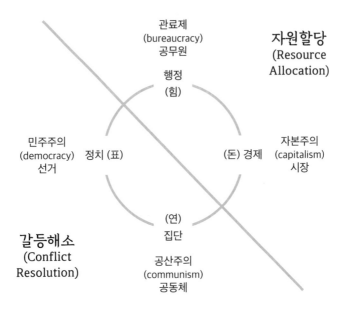

서 흘러나온 답을 말하면 이렇다. 행정과 경제의 기능은 '자원 할당(resource allocation)'이며, 집단과 정치의 기능은 '갈등해소 (conflict resolution)'다.

행정은 공적 수단을 지향하며, 경제는 사적 수단에 초점을 둔다. 행정과 경제는 사실적인 수단을 획득하고 제공하며 사용하는 일을 수행한다. 어떤 목적이나 가치를 달성하는 데 필요한 사실적 수단들을 총칭하여 '자원(resource)'이라고 부른다. 경제 영역은 모든 활동을 '돈'이라는 자원의 흐름으로 해석할 수 있다. 행정 영역의 활동 역시 예산과 조직 및 공무원 인력과 공공시설 등의 공적 자원을 제공하는 것으로 해석할 수 있다. 이렇게 경제 활동과 행정 활동은 '자원을 할당'하는 기능을 수행한다.

20대 후반 대학원생 시절 오래된 미국의 경제학 논문을 읽고 감명을 받은 기억이 있다. 자원할당의 중요성을 강조하는 글이었다. 이 글을 읽으면서 나는 경제 영역만이 아니라 행정 영역에서도 자원할당이 가장 중요한 기능이요 미션이라고 생각했다. 한 기업이 계속 생존하고 성장하기 위해 가장 중요한 일이 무엇인가? 한 국가가 계속해서 존속하고 발전하기 위해 가장 중요한 일이 무엇인가? 기업과 국가의 생존에 기여하는 사람들에게 더 많은 자원을 할당하는 일이다. 이것이 바로 '자원할당'이라는 기능의 핵심이다.

집단은 사적 가치를 창출하며, 정치는 공적 가치를 결정한다. 즉, 집단과 정치 영역에서는 어떠한 가치를 추구할 것인가에 관심이 집중된다. 가치는 무엇을 추구할 것인가에 관한 방향성을 의미한다. 모든 가치는 각기 다른 방향성을 지닌다. 가난한 사람을 보호하는 평등의 가치는 부자를 배려하는 성장의 가치와 완연히 다른 방향성을 지닌다. 다른 가치는 다른 방향성을 제시하며, 결국 갈등을 야기한다. 이를 '가치 갈등(value conflict)'이라고 한다. 다양한 가치가 존재하는 사회는 다양한 갈등을 안고 살아간다. 다양한 가치를 다루는 사회인 정치와 집단에서 가치 갈등은 일상생활이다.

공적 가치를 결정하는 정치는 공적 가치 갈등을 다루고, 사적 가치를 추구하는 집단은 사적 가치 갈등을 다룬다. 가치 갈등은 심각한데, 완전히 해결될 수 없기 때문이다. 기독교의 가치와 불교의 가치가 충돌하여 가치 갈등이 발생하는 경우, 완전한 해결은 거의 불가능하다. 유대교와 이슬람교 그리고 기독교는 수천 년간 갈등을 유지해왔다. 서로가 조금씩 양보하고 희생하여 갈등을 봉합할 수 있을 뿐이다.

일시적으로 봉합된다고 하더라도 가치 갈등은 언젠가 다시 불거진다. 그러면 다시금 갈등을 조정해야 한다. 그렇기 때문에 갈등에 대해서는 '해결(solution)'이라는 말을 사용하지 않는다. 학교에서 '문제해결(problem solution)'을 배운다. 하지만 사회적 갈등은 단번에 해결되는 것이 아니다. 갈등은 반복해서 '해소(resolution)'할 수 있을 뿐이다. 풍요로운 가치의 세계에서 가치 갈등은 일상적으로 발생한다. 결국 정치와 집단 영역이 담당해야 할 핵심 기능은 '갈등의 해소'인 셈이다. 지속적으로 발생하는 가치 갈등을 해소해나가지 않으면, 그 사회의 평화와 질서는 유지될 수 없다.

# 11강
# 경제의 자원할당:
# 시장의 가격조절 메커니즘

경제의 자원할당은 시장을 통해 이루어진다. 소비자는 돈을 내고 상품을 구매한다. 공급자는 돈을 받고 상품을 제공한다. 소비자와 공급자가 만나 상품의 매매가 이루어지는 장소가 시장이다. 시장은 물리적인 공간에 존재할 수도 있고, 인터넷을 통한 사이버 공간에 존재할 수도 있다. 시장에서 상품을 사는 소비자는 개인의 만족을 얻고, 상품을 판매하는 공급자는 돈을 번다. 그런데 시장 전체는 어떠한 기능을 수행하는가? 시장을 만들고 유지하는 사회는 시장에 어떠한 기능을 기대하는가?

시장의 거래를 통해 돈이 소비자에게서 공급자에게로 흐른다. 좋은 상품을 저렴하게 판매하는 공급자에게 소비자의 돈이 집중된다. 그와 경쟁하는 공급자는 더 좋은 상품을 제공하거나 더 낮은 가격을 제시한다. 시장의 경쟁 메커니즘을 통해 소비자는 더 좋은 상품을 더 낮은 가격에 구매한다. 그리고 시장의 경쟁 메커니즘을 통해 가장 경쟁력이 높은 공급자에게 소비자의 돈이 집중적으로 흘러간다. 시장을 통해 자원할당이 이루어진다.

내가 평생 전공한 '시스템 다이내믹스(system dynamics)' 학자들은 이러한 메커니즘을 '인과순환지도(causal loop diagram)'로 설명한다. 인과순환지도에는 원인에서 출발해서 결과로 향하는 화살표가 있다. + 표시가 있는 화살표는 양의 인과관계를 의미하고, - 표시가 있는 화살표는 음의 인과관계를 의미한다.

오른쪽은 수요 부문의 순환관계를 표시하며, 왼쪽은 공급 부문의 순환관계를 표시한다. 가운데에 상품의 '가격(price)'이 자리하고 있어서 중심축을 형성한다. 상품의 가격이 오르면, 그 상품에 대한 수요가 감소한다. 이러한 음의 인과관계는 수

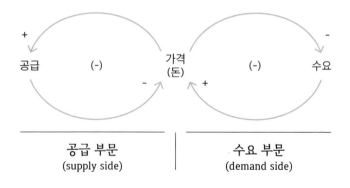

요 부문의 상단 화살표다. 그런데 그 상품에 대한 수요가 증가하면, 그 상품의 가격이 오른다. 이러한 양의 인과관계는 수요 부문의 하단 화살표다. 가격이 수요에 영향을 주고, 다시 수요가 가격에 영향을 준다. 그래서 두 개의 화살표가 원을 구성하면서 순환한다. 이를 '피드백 루프(feedback loop)'라고 부른다.

왼쪽은 공급 부문의 순환관계를 표시한다. 상품의 가격이 오르면, 공급자는 더 많은 상품을 시장에 공급한다. 이러한 양의 인과관계는 공급 부문의 상단 화살표다. 그런데 상품의 공급이 많아지면, 그 상품의 가격이 내려간다. 이는 음의 인과관계다. 공급 부문 하단의 화살표가 이를 표현한다. 공급과 가격역시 두 개의 인과관계가 순환되면서 피드백 루프를 형성한다.

이렇게 시장의 가격조절 메커니즘은 두 개의 피드백 루프로 구성된다. 피드백 루프도 +와 −의 극성을 갖는다. 음(−)의 피드백 루프는 균형을 유지하려는 속성을 지닌다. 반대로 양(+)의 피드백 루프는 균형에서 벗어나려는 속성을 지닌다. 정상적인 시장을 형성하는 두 개의 피드백 루프는 모두 음의 피드백 루프다. 수요 부문의 피드백 루프도 균형을 유지하는 힘을 발휘하며, 공급 부문의 피드백 루프도 균형을 유지하려고한다.

어느 날 상품 저장 창고에 화재가 발생해서 상품의 공급이 감소했다고 생각해보자. 그러면 일시적으로 상품 가격이 오를 것이다. 하지만 소비자는 가격이 오른 상품의 수요를 줄인다. 수요가 감소하니 그 상품 가격이 내려간다. 이렇게 수요 부문은 갑자기 오른 상품의 가격을 내려서 균형을 회복시킨다. 공급 부문의 피드백 루프도 마찬가지다. 상품 가격이 오르면 공급자가 더 많은 상품을 공급하고, 공급이 증가하면 상품의 가격이 내려간다. 이렇게 공급 부문의 피드백 루프도 상품의 가격을 원래의 균형 상태로 되돌리는 힘을 발휘한다. 어느 날 갑자기 상품 가격이 떨어지면 어떻게 되겠는가? 이번에는 수요 부문과 공급 부문의 피드백 루프가 거꾸로 작용하여 떨어진 상품 가격을 증가시키려고 한다. 인과순환지도를 보면서 검토해보기 바란다.

시장의 자원할당 메커니즘은 '경쟁'의 원리에 충실하다. 공급자는 더 좋은 상품을 더 싸게 공급해서 소비자의 선택을 받으려 한다. 시장은 경쟁력이 강한 소수에게 집중적으로 자원을 할당해준다. 시장 메커니즘을 통해 경쟁력 있는 기업은 더 많은 자원을 할당받는다. 이른바 '부익부 빈익빈'의 메커니즘이다. 자본주의 사회에서 대기업이 등장하는 이유다. 자본주의 사회의 시장 메커니즘은 자본이 자본을 늘리는 선순환을 가능하게 한다.

자본주의 사회의 선순환은 더 많은 악순환을 먹고 자란다. 자본이 부족한 기업들은 시장 경쟁에서 불리한 위치에 놓인다. 자본이 부족한 기업들은 시장 경쟁에서 자본이 풍부한 소수의 기업에 패배한다. 소수의 기업이 선순환을 누릴 때, 다수의 기업은 악순환의 늪에 빠진다. 자본주의 시장 메커니즘이 보여주는 화려함의 이면에는 더 많은 아픔이 깔려 있다.

인과순환지도는 시장의 왜곡이 발생하는 상황도 쉽게 설명해준다. 시장의 왜곡은 소비 부문의 '투기(speculation)'와 공급 부문의 '파동(fluctuation)'에 의해 발생한다. 상품 가격이 오르면, 소비 부문의 투기적 수요는 감소하지 않고 오히려 증가한다. 나중에 그 상품을 되팔아서 큰 이익을 남길 수 있기 때문이다. 이렇게 가격과 수요가 양의 인과관계로 변화하면, 수요 부문의 피드백 루프의 극성이 양(+)으로 변화된다. 양의 피드백 루프는 균형에서 벗어나게 하는 힘을 발휘한다. 투기적 수요가 존재하는 경우, 상품 가격은 불안정하게 변한다.

공급 부문의 왜곡인 파동은 '시간지연(time delay)'에 기인한다. 상품 가격이 증가한다고 해서 금방 공급을 늘릴 수 없는 경우다. 주택 시장의 경우, 주택 가격이 오른다고 해서 주택 공급이 바로 증가하기 어렵다. 새로 주택을 지으려면 몇 년의 시간지연이 발생하기 때문이다. 이렇게 음의 피드백 루프에 시

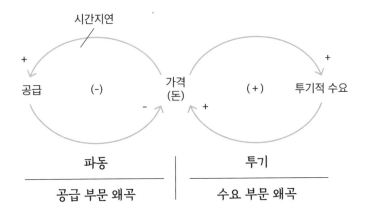

간지연이 발생하는 경우, 균형 상태를 유지하려는 힘이 발생하지만 한 템포 늦게 작동하여 그 효과가 어긋난다. 이러한 어긋남으로 인해 파동이 발생한다.

투기와 파동은 시장을 통한 자원할당에 왜곡을 가져온다. 소비 부문의 투기는 상품 가격을 비정상적으로 올린다. 주택 시장이 그 전형적인 사례다. 소비자는 주택을 구입하기 위해 더 많은 돈을 내야 한다. 돈이 없어서 주택을 구입하지 못하는 사람들이 늘어난다. 투기를 위해 주택을 구입한 소비자에게 과도한 이익(돈)이 집중된다. 그러면 자원할당에 심각한 왜곡이 발생한다.

공급 부문의 파동은 상품 가격을 요동치게 만든다. 돼지 농가의 경우가 전형적인 사례다. 열심히 돼지를 키워서 시장에 출하한 농민은 돼지 가격 하락으로 인해 손해를 본다. 가격 폭락으로 큰 손해를 본 농민들은 더 이상 돼지를 키우지 않겠다고 마음먹는다. 하지만 오래 지나지 않아 돼지 가격은 다시 폭등한다. 결국 돼지고기를 창고에 저장해놓고 있던 유통업자들만 이익을 본다. 돼지를 직접 키우는 농민들은 이래저래 손해만 본다. 이러한 자원왜곡으로 인해 농민들의 축산 산업은 점점 더 쇠퇴한다.

투기와 파동이 존재하는 경우, '가격조절(price adjustment)' 메커니즘은 자원할당에 왜곡을 가져온다. 정상적인 시장은 성실한 공급자에게 집중적으로 자원을 할당한다. 하지만 왜곡된 시장에서는 성실한 생산자가 아니라 대형 유통업자가 이익을 얻는다. 더군다나 투기적 수요가 발생하는 경우 공급자가 아니라 투기하는 소비자에게 자원이 할당되는 기현상이 발생한다.

# 12강
# 행정의 자원할당: 줄서기 메커니즘

　시장이 경쟁이라면, 행정은 '시혜'다. 행정은 필요로 하는 사람에게 자원을 제공한다. 경쟁에서 승리한 사람에게 주는 것이 아니라 자원이 없으면 살기 어려운 사람에게 준다. 행정의 자원할당은 근본적으로 '거저 주는' 시혜다. 경쟁에서 이긴 자에게 주어야 할 때가 있지만, 경쟁과는 상관없이 거저 주어야 할 때가 있다. 시장이 전자를 담당한다면, 행정은 후자를 담당한다. 구원을 거저 주는 기독교 복음의 은혜와 비슷하다. 행정을 의미하는 영어의 'administration'은 기독교의 '목회(minister)'에서 나온 말이다. 직급이 가장 높은 공무원을 '총리'라고 부르는데, 영어로는 'prime minister'다. 기독교 목회의 핵심이 양을 지키고 보살피는 것이듯, 행정의 본질은 주민들을 보호하고 돌보는 일이다. 조선 시대의 대표적인 선비 정약용이 관료를 위해 쓴 책이 『목민심서(牧民心書)』였다. 그 역시 행정의 본질을 잘 알고 있었다.

시장이 개인과 기업을 중심으로 한다면, 행정은 사회 전체를 대상으로 한다. 시장을 통해 할당되는 자원은 개인이나 기업이 소유한다. 그러나 사회 전체에 속하는 자원이 있다. 도로, 철도, 고속도로, 전화망, 인터넷, 학교, 병원, 경로당, 체육시설, 공원, 공기, 산, 강, 바다, 가로수와 길가에 핀 꽃 등. 이는 개인이나 기업의 소유가 되어서는 안 되며, 사회의 누구나 사용할 수 있어야 한다. 이를 '사회 기반(social infra)'이라고 한다. 사회 기반을 조성하기 위한 자원할당은 시장이 아니라 행정의 몫이다. 행정의 자원할당은 사회 전체를 위해, 그리고 약자를 보호하기 위함이다.

행정의 자원할당은 '시혜'로 이루어지지만, 공무원의 자의성은 철저하게 배제하고자 한다. 그것이 '관료제(bureau-cracy)'의 본질이다. 행정이 나누어주는 자원을 받을 사람의 자격 조건을 명확하게 규정하여 공무원의 자의성을 배제한다. 예를 들어 "1년 소득이 2천만 원을 넘지 않아야 하며, 2억 원 이상의 집을 소유하지 않아야 한다" 등의 조건이다.

하지만 나누어줄 자원은 늘 부족한 법이다. 게다가 어떤 사람은 다른 사람들보다 먼저 받아야 하는 급한 사정도 있다. 그런데 누구에게 더 빨리 주라는 규정까지 미리 만들기는 어렵다. 이때 등장하는 오랜 원칙이 있다. 바로 '줄서기(waiting line)'의 원칙이다. 행정의 시혜를 배급받기 위해 줄을 서는 것이다. 공무원은 제일 일찍 온 사람에게 먼저 배급한다. 행정의 시작 이래 가장 객관적이고 오래된 배급 원칙이 '줄서기'다.

행정의 배급이 이루어지는 곳에서 언제나 볼 수 있는 풍경이 바로 '줄서 있는 사람들'이다. 자연재해로 인해 마트와 백화점 등 시장 기능이 마비된 지역에서 행정은 구호물자를 배급한다. 이러한 구호물자를 배급받기 위해 사람들은 줄을 선다. 시장이 잘 돌아가지 않는 공산주의 국가에서 '줄서기'는 일상이다.

많은 행정학자들이 '줄서기'를 부정적으로 생각한다. 특히 관료제를 비판하는 사람들에게 줄서기는 대표적인 표적이다. 공무원들이 비효율적이어서 주민들이 관청 앞에 줄지어 선다는 것이다. 이런 비판은 행정의 본질을 알지 못하는 무지를 드러낸다. 자본주의 문화에 젖은 지식인들은 줄서기가 행정의 본질임을 알지 못한다. 행정의 본질이 배급이고, 배급의 기본이 줄서기다. 하지만 나는 이렇듯 명백한 원리를 말하는 행정학자를 본 적 없다.

행정의 본질이 줄서기라고 말하면, 적지 않은 행정학자들이 반박할 것이다. '줄서기'라는 것이 그다지 아름답지도 못하고, 그다지 심오한 이론으로 연결될 것 같지도 않아 보이기 때문이다. 하지만 그렇지 않다. 현대 경제학이 심오한 학문으로 발전했지만, 그 출발은 돈으로 상품을 매매하는 시장의 일상적인 풍경이었다. 행정학의 이론을 발전시키기 위해서는 배급을 받기 위해 줄서는 일상적인 풍경을 인정하고 거기에서 출발해야 한다. 가장 기본적이고도 명확한 개념에서 출발할 때 탄탄한 이론이 만들어진다.

줄서기에도 메커니즘이 존재한다. 여기에서의 핵심은 '줄의 길이'다. 배급을 받고자 하는 신청자가 많아지면 줄의 길이가 늘어난다. 행정에서는 '배급 신청자'를 '민원인'이라고 부른다. 그런데 배급을 받으려고 기다리는 '줄의 길이'가 길어지면 '배급 신청자'는 줄어든다. 동사무소에 긴 줄이 있으면, 새로 온 민원인은 줄서기를 포기한다. 이렇게 '줄의 길이'와 '배급 신청자' 사이에 음의 피드백 루프가 형성된다. 이는 줄서기를 결정하는 주민들에 관한 메커니즘으로 시장의 수요 부문에 해당한다.

배급을 제공하는 행정은 시장의 공급 부문에 해당한다. '줄의 길이'가 길어지면 배급을 담당하는 공무원을 증원한다. 배급을 담당하는 공무원이 많아지면 '줄의 길이'가 감소한다. 시장의 공급 부문과 마찬가지로 줄의 길이에 대응하는 행정

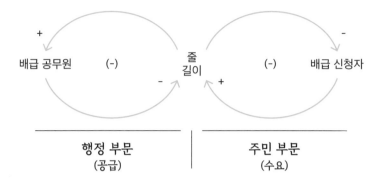

부문도 음의 피드백 루프로 돌아간다.

　행정의 '줄서기' 메커니즘은 구조적인 관점에서 보면 시장의 '가격' 메커니즘과 동일하다. 시장에서 '돈'이 기본 축으로 작용하듯, 행정에서는 '줄'이 핵심 지표로 작동한다. 시장이 '가격 조절(price adjustment)' 메커니즘이라면, 행정은 '줄 조절(line adjustment)' 메커니즘이라고 할 수 있다. 수요와 공급 모두 음의 피드백 루프에 의해 움직이는 정상적인 시장은 안정적인 균형을 유지한다. 마찬가지로 주민 부문과 행정 부문 모두 음의 피드백 루프로 움직이는 행정도 안정적으로 행정 서비스를 제공한다.

　'줄의 길이'에 의해 공적인 자원할당이 신축적으로 조정된다. 사회복지를 제공하는 행정에서 줄의 길이가 길어지면, 사회복지 공무원을 증원한다. 산업 행정에서 줄의 길이가 길어지면, 산업 분야의 공무원을 증원한다. 줄의 길이가 짧다는 것은 해당 분야의 공무원이 할 일이 별로 없다는 뜻이다. 줄의 길이가 짧은 분야의 공무원은 줄의 길이가 긴 분야로 전환시킨다. 이렇게 줄 조절 메커니즘은 인사행정의 핵심적인 동력으로 작용한다.

'배급 공무원'은 인력 규모를 의미하기도 하지만, 예산 규모를 의미할 수도 있다. 사회복지 분야에 민원인의 줄이 길다는 것은 그만큼 예산이 부족하다는 신호가 된다. 사회복지 업무를 처리하는 사무실을 늘리는 것도 줄의 길이를 감소시키는 방안이 될 수 있다. 이렇게 '배급 공무원'은 인력과 예산, 조직을 포함한다.

행정의 '줄서기' 메커니즘에도 왜곡이 발생할까? 먼저 행정의 공급 역시 시장에서의 공급과 동일한 왜곡이 존재한다. 공급에 '시간지연(time delay)'이 발생하기 때문이다. 인력을 증원하고 예산을 편성하기 위해서는 통상 1년 이상의 시간이 필요하다.

오랜 시간지연 끝에 공무원 인력이 증가하는 경우 어떤 일이 벌어질까? 오랜 시간 동안 줄의 길이가 길게 형성되어 있으면, 저절로 줄의 길이가 줄어들곤 한다. 민원인들이 지쳐서 포기하는 것이다. 이미 줄의 길이는 짧아져 있기 때문에 증원된 공무원들은 할 일이 별로 없다. 그렇다고 빈둥거리면서 업무 시간을 보낼 수는 없다. 공무원이 한가하게 놀고 있을 수는 없기에 새로운 일을 만든다. 즉, 공무원이 존재하는 만큼 불필요한 일이 증가한다. 이렇게 해서 공무원 인력은 업무와 무관하게 계속 증가한다. 이를 '파킨슨의 법칙'이라고 부르기도 한다. 결국 행정은 점점 커진다.

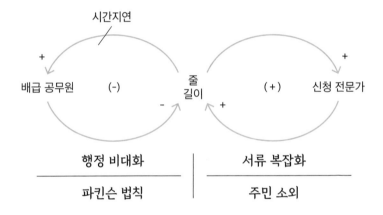

행정의 주민 부문에는 어떠한 왜곡이 발생하는가? 행정 서비스를 받기 위해 줄의 길이가 길어지면, 줄 서는 전문가들이 등장한다. 단순히 줄을 대신 서는 사람도 있지만, 복잡한 서류를 대신 작성해주는 전문가도 있다. 줄이 길어지면서 줄서는 사람들은 점차 전문가들로 교체된다. 행정 서비스를 제공

받아야 할 주민들이 줄서는 것이 아니라 줄서는 것을 전문으로 하여 돈을 버는 사람들이 줄서는 왜곡이 발생한다.

전문가들이 줄을 서면서 서류는 점점 복잡해진다. 행정은 자신의 업무를 줄이기 위해 서류를 복잡하게 만들기도 한다. 전문가들은 복잡해진 서류를 어렵지 않게 작성한다. 하지만 복잡한 서류를 작성하기 어려운 기존의 주민들은 점차 소외된다. 원래의 주민들은 행정 서비스를 받으려는 줄에서 급속히 사라지고 전문가들만 남는다. 주민을 위해 만들어진 행정 서비스가 오히려 주민에게 부담을 주고 엉뚱한 전문가들에게 자원을 할당하는 왜곡이 발생한다.

나도 이런 왜곡을 겪은 적 있다. 학회 회장을 할 때였다. 학회를 법인으로 등록하고 정기적으로 서류를 갱신해야 한다. 그런데 이 업무를 보통 사람들이 수행할 수 없다는 것이다. 비싼 돈을 들여서 법무사와 세무사에게 맡겨야 한다. 학술 활동을 수행하는 데 그치는 학회에 대해 그토록 까다롭게 법인 서류와 세무 서류를 요구할 필요가 없다. 학회를 신고하고 등록하는 단순한 줄이 점점 전문가를 위한 줄로 변질되었다. 학회 직원이 서류를 준비해서 신고하러 가면 퇴짜를 맞는다. 비싼 돈을 들여서 법무사와 세무사를 통해 서류를 제출하면 무사히 통과한다. 이런 일을 겪으면서 행정 공무원들이 법무사와 세무사들과 한 통속이라는 생각이 들기도 했다. 결국 진정한 주민은 소외된다. 행정이 섬겨야 할 주민들을 소외시키고, 엉뚱한 업자들과 놀아나는 왜곡이다.

# 13강
# '줄서기'의 학문

　내가 행정의 핵심이 '줄서기'라고 생각한 것은 젊었을 때부터였다. 행정을 생각할 때마다 늘 줄서기가 머리에 떠올랐다. 특히 행정의 배급을 생각하면 배급받는 사람의 '줄서기'는 당연하다 못해 자연스럽다. 앞서 행정의 본질이 '힘'이라고 말했다. 그러면 행정의 대상이 되는 주민의 본질은 '힘없음'이라고 할 것이다. 군인에 비교해서 민간인의 특징이 바로 힘없음이다. 그래서 전쟁에서 군인을 죽이는 것은 문제가 안 되지만, 민간인을 죽이는 것은 범죄다. 힘 있는 행정이 힘없는 주민에게 서비스를 제공하는 원초적인 방법이 바로 줄서기다.

　그렇다고 해서 공무원이 주민보다 높다고 말하는 것은 아니다. 행정의 역할을 수행하는 직책이 힘을 지닐 뿐이다. 그 직책을 담당하는 공무원 개인은 아무런 힘도 높음도 가지고 있지 않다. 종종 이를 착각할 뿐이다.

행정의 본질이 '힘'인 만큼 행정의 작동 방식이 '줄서기'인 셈이다. 그런데 행정의 '줄서기'에 대해 많은 사람들이 부정적으로 말한다. 그래서 내가 행정의 본질이 줄서기라고 말할 때 의외라는 반응을 보이는 행정학자들이 많았다. 주민들이 관청에서 불필요하게 긴 줄로 고생하는 것은 틀림없이 잘못된 일이다. 하지만 그렇다고 해서 '줄' 자체를 부정적으로 보는 생각은 고정된 편견이다. 더군다나 행정학자가 그렇게 생각하는 것은 잘못된 일이다. '돈'이 너무 많거나 없는 것이 문제이지, 돈 자체가 나쁜 것은 아니다. 줄도 마찬가지다. '줄'을 부정적으로 보는 행정학자는 '돈'을 부정적으로 보는 경제학자와 같다.

행정학자들은 '줄서기'를 부정적으로 생각하지만, '줄서기'를 중요하게 생각하는 학자들이 있다. 바로 '산업공학(industrial engineering)' 또는 '운용과학(operations research)'을 연구하는 학자들이다. 이들이 중요하게 여기는 이론 중에 '대기행렬이론(queueing theory)'이 있다. '대기행렬'을 우리나라 말로 번역하면 '기다리는 줄'이라는 의미다. 'queueing'이라는 영어는 말 그대로 '줄서기'다. '대기행렬'이라는 말은 지나치게 현학적인 번역이다. 대기행렬이론은 줄서는 것을 연구하는 이론이다.

공장에는 여러 대의 기계가 있어서 직원들은 기계를 사용하여 다양한 종류의 부품들을 처리하고 조립하여 완성품을 만든다. 기계와 직원을 어떻게 배치해야 공장을 효율적으로 만들 수 있을까? 이것이 산업공학 또는 운용과학에서 관심을 갖는 질문이다. 공장을 효율화시키는 것은 추상적이고 어려운 질문이다. 공장 설계를 위해서는 쉽고 명확한 개념이 필요하다. 이때 등장한 것이 바로 '줄'의 개념이다. 공장을 '줄'의 관점에서 해석하는 것이다. 여러 부품이 공장에 들어와 기계에서 처리되는 과정을 줄서는 것으로 해석한다. 즉, 부품이 공장에 들어와 기계 앞에서 줄서는 것이다. 첫 번째 기계에서 처리되고 나서 두 번째 기계로 이동해서 또 줄선다. 두 번째 기계에서는 다른 부품과 결합되어 세 번째 기계로 이동한다. 이렇게 공장에서 물건을 만드는 과정을 부품들이 줄서는 것으로 해석한다. 그리고 공장에서 부품이 서는 줄의 길이를 어떻게 줄일 것인가라는 문제에 초점을 집중한다. 공장의 줄 길이가 짧을수록 공장이 효율화되는 것으로 생각하는 것이다.

공장을 줄서기의 관점에서 해석할 때, '대기행렬이론'이 왜 필요한지 이해할 수 있다. 사실상 대기행렬이론은 산업공학을 연구하는 데 필수이고, 기초적인 이론으로 취급된다. 대기행렬이론은 학자들의 학문적인 관심뿐만 아니라 산업계의 실용적인 필요에 따라 급격하게 발전하여 고도의 수학적인 이론체계로 발전했다.

하지만 고도의 수학적인 이론체계를 갖춘 '대기행렬이론'을 현실의 복잡한 공장을 설계하는 데 직접 적용하기는 어려웠다. 아름다운 수학적 이론을 현실에 적용하는 것은 대단히 복잡해서 수학자들조차 감당하기 어려웠다. 이때 등장한 것이 컴퓨터 시뮬레이션이다. 산업공학과 또는 전산학과에서 가르치는 '시스템 시뮬레이션'이 바로 그것이다.

시스템 시뮬레이션은 대기행렬과 동일한 관점을 취한다. 공장을 모델링할 때, 기계와 직원을 '서버(server)'로 보고, 부품을 서버 앞에 줄서는 '개체(entity)'로 본다. 공장에 항상 자리하고 있는 '서버'는 '영구적 개체'다. 공장에 투입되어 서버를 기다리다가 처리되어 공장 밖으로 나가는 부품은 '한시적 개체(temporary entity)'다. 부품이 공장에서 인생을 산다고 생각하는 것이다. 부품이 공장에 들어올 때, 부품은 태어난다(generate). 공장에서 부품은 인생을 살면서 이 서버 저 서버 앞에서 기다린다(queue). 그러다가 부품이 공장 밖으로 나갈 때 그 부품은 죽는다(terminate). 이렇게 시스템 시뮬레이션은 한시적 개체인 부품이 공장에서 머무르고 처리되는 전 과정을 '줄서기'로 보고 모델링한다.

공장을 모델링하는 데 영구적 개체인 서버를 중심으로 하는 것이 좋을까, 아니면 한시적 개체인 부품을 중심으로 하는 것이 좋을까? 얼핏 생각하면 공장의 주인이라고 할 수 있는 서버의 관점에서 모델링하는 것이 편해 보인다. 하지만 시스템 시뮬레이션 학자들은 수많은 시행착오 끝에 영구적 개체가 아니라 한시적 개체를 중심으로 공장을 모델링하는 것이 편리하다는 것을 알게 되었다. 이것은 획기적인 발상의 전환이다. 예를 들어 "학교를 모델링하는 데 있어서 학교에 계속 근무하는 교사를 중심으로 하는 것이 좋을까, 아니면 학교에 입학했다가 수업 듣고 졸업하는 학생을 중심으로 하는 것이 좋을까?"라는 질문과 같다. 얼핏 생각하면 영구적 개체인 교사를 중심으로 모델링하면 편하겠지만, 시스템 시뮬레이션 학자들의 깨달음은 한시적 개체인 학생을 중심으로 모델링하는 것이 편하다는 것이다.

그렇다면 행정에 대해서도 같은 답을 얻을 수 있지 않을까? 행정의 영구적 개체인 공무원을 중심으로 모델링하는 것이 좋을까, 아니면 관청에 왔다가 사라지는 한시적 개체인 주민을 중심으로 모델링하는 것이 좋을까? 시스템 시뮬레이션 학자라면 한시적 개체인 주민이라고 답할 것이다. 하지만 줄서기를 부정적으로 생각하는 행정학자들은 여전히 공무원을 중심으로 생각한다. 다만 정책학자들 중에는 행정이 아니라 주민을 중심으로 정책에 접근하는 경우가 종종 있다. 제임스

윌슨(James Q. Wilson)의 정책분류, 슈나이더와 잉그램(Schneider & Ingram)의 정책분류가 그러한 사례다. 윌슨은 정책으로 인해 손해를 보거나 이익을 얻는 주민들의 관점에서 정책을 분류했다. 슈나이더와 잉그램 역시 정책의 영향을 받는 집단의 특성에 따라 정책을 구분하고 그 특성을 분석했다. 이제라도 행정과 정책 전반에 대해 줄서기의 주체가 되는, 하지만 한시적 개체인 주민의 관점에서 접근할 필요가 있다.

나는 젊었을 때 '시스템 시뮬레이션'을 공부해서 책을 출판하고 대학교 전산학과에서 강의도 했다. 그러다가 '시스템 다이내믹스'를 전공하게 되면서 더 이상 '시스템 시뮬레이션'을 공부하지 않았다. 시스템 다이내믹스가 자원의 흐름에 관한 '의사결정'에 초점을 두는 시뮬레이션이라고 한다면, 시스템 시뮬레이션은 부품의 '줄서기'에 초점을 둔 시뮬레이션이라고 할 수 있다. 젊은 시절 시스템 다이내믹스의 관점이 사회현상을 모델링하기에 적합하다고 판단하여 내 전공으로 삼았다. 하지만 시스템 시뮬레이션의 '줄서기' 관점은 내 마음속에 지금까지도 아름답게 남아 있다.

나는 내 첫 번째 책 『시스템 시뮬레이션』에서 '한시적 개체'의 아름다움을 윤동주의 「서시」에 비유하여 설명했다. 윤동주의 「서시」에서 아름답게 말하는 것은 모두 한시적 개체다.

시의 첫 단어가 '죽는 날까지'다. 이는 한시적 개체로서의 시인 자신을 의미한다. 부끄럼이 없기를 괴로워했던 '잎새에 이는 바람' 역시 한시적 개체다. 그리고 "모든 죽어가는 것을 사랑해야지"는 한시적 개체에 대한 연민과 사랑을 말한다. "그리고 나한테 주어진 길을 걸어가야겠다"는 말은 한시적 개체로 죽는다는 의미일 것이다. 「서시」는 '영구적 개체'도 아름답게 표현한다. 영구적 개체의 대표는 '하늘'과 '별'이다. 영구적 개체를 존중하고 사모하면서도 한시적 개체에 대한 연민을 품는다. 영구적 개체인 '하늘'을 우러러보면서 '잎새에 이는 바람'에도 괴로워했고, "별을 노래하는 마음으로 죽어가는 것을 사랑해야지"라고 노래한다. 시인은 결코 하늘이 되겠다거나 별이 되겠다고 말하지 않는다. 마지막으로 "오늘 밤에도 별이 바람에 스치운다"고 말한다. 영구적 개체인 별이 내 마음을 사로잡을지라도 한시적 개체인 '바람'이 스치는 현실이 오늘 밤이다. 한시적 개체를 중심으로 하여 공장을 모델링하는 시스템 시뮬레이션의 아름다움이 여기에 있다.

# 서시

윤동주

죽는 날까지 하늘을 우러러

한 점 부끄럼이 없기를

잎새에 이는 바람에도

나는 괴로워했다.

별을 노래하는 마음으로

모든 죽어가는 것을 사랑해야지

그리고 나한테 주어진 길을

걸어가야겠다.


오늘 밤에도 별이 바람에 스치운다.

# 14강
# 시장과 행정의 자원할당 스펙트럼

시장에서는 '가격'을 매개로 하여 사적 자원이 할당되고, 행정은 '줄'을 지표로 하여 공적 자원을 할당한다. 시장은 사람들의 자발적인 매매 행위를 통해 이루어지는 '아래로부터 (bottom-up)'의 메커니즘이다. 시장에서 활동하는 소비자와 생산자는 누구의 간섭도 받지 않는다. 자신의 선호에 충실하며, 스스로의 판단에 따라 시장 활동을 전개한다. 소비자와 생산자의 '자유'로운 선택은 가격조절 메커니즘을 통해 균형점에 도달한다. 아래로부터 도달하는 균형이다.

이에 반해 행정은 위에서 아래로 자원을 내려 보내는 '위로부터(top-down)'의 메커니즘이다. 하늘 높은 곳에서 새의 눈으로 국가 전체를 조망할 때, 어느 주민에게 지원할 필요가 있는지 보인다. 행정은 '위로부터'의 판단에 근거하여 주민들에게 일방적으로 자원을 할당한다. 이때 행정의 '자유'는 허용되

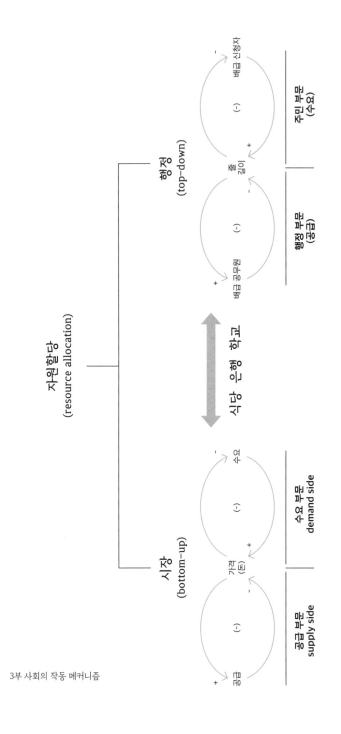

지 않는다. 행정의 자유는 '자의성'으로 변질되기 때문이다. 국가 전체를 바라보는 정책에 따라 정해진 규칙과 서류에 입각하여 자원이 할당된다.

그런데 현실 생활에서 경험하는 제도는 시장과 행정의 중간에 위치하는 것이 보통이다. 예를 들어 식당을 생각해보자. 식당은 전형적으로 시장에 속한다. 하지만 식당은 완전한 시장 메커니즘으로 운영되지는 않는다. 식당에 구비된 좌석을 초과하는 손님이 오는 경우가 있다. 손님(수요)이 많다고 해서 음식의 가격을 올릴 수 있는가? 어려운 일이다. 좌석에 앉지 못하는 손님들은 식당 입구에서 줄을 서서 기다린다. 시장에 속하는 식당에서 행정의 줄서기 메커니즘이 작동하는 것이다. 이렇게 현실에서의 자원할당은 시장과 행정을 잇는 스펙트럼의 어느 한 곳에 위치한다. 식당은 시장에 가까운 위치다.

식당에 비해 학교는 행정에 가까운 곳에 위치한다. 학생은 수업을 받기 위해 기다리고, 급식을 먹기 위해 기다리며, 도서관에서 책을 빌리기 위해 기다린다. 사립학교라고 하더라도 학생들은 줄지어 기다리는 생활에 익숙하다. 하지만 학교의 서비스를 받기 위해서는 여전히 돈을 내야 한다. 학교에 따라 학비는 천차만별이다. 대체로 공립학교의 학비가 저렴하고, 사립학교의 학비가 비싼 편이다. 이렇게 학교라는 시설에도 시장 메커니즘과 행정 메커니즘이 공존한다. 다만 학교는 행정에 가까운 곳에 위치한다.

은행은 시장과 행정의 중간에 위치한다. 사실 은행은 자본주의 사회의 대표적 기관으로 시장에 속한다. 하지만 고객이 은행에 가서 제일 먼저 하는 일은 번호표를 뽑는 일이다. 번호표는 기다리는 줄의 순서다. 번호표는 서서 기다리는 줄을 앉아서 기다리게 한다. 기다리는 줄의 본질은 변하지 않는다. 고객은 은행에서 서비스를 받기 위해 줄서야 한다는 점을 자연스럽게 받아들인다. 물론 예외도 있다. VIP 고객은 창구에서 줄서지 않는다. VIP룸으로 안내받아 특별 서비스를 받는다. 그렇다고 창구에서 줄서는 일반 고객은 VIP 고객의 특혜에 대해 불만스러워하지 않는다. 은행에 돈을 많이 쌓아둔 고객이라는 점을 알기 때문이며, 은행은 시장에 속하는 기관이라는 점을 알기 때문이다.

마이클 샌델(Michael Sandel) 교수의 『돈으로 살 수 없는 것들』이라는 책이 있다. 나의 공직윤리 수업에서 강의하는 교재 중의 하나다. 처음 이 책을 접했을 때 깜짝 놀랐다. 『돈으로 살 수 없는 것들』이라는 책 제목은 결국 '시장'이 침범해서는 안 되는 '행정'을 의미한다. 그런데 이 책의 첫 번째 장의 제목이 '새치기'였다. '새치기'란 서비스를 받기 위해 기다리는 줄을 건너뛴다는 의미다. 샌델 교수는 첫 번째 장에서 행정의 고유한 방식인 줄서기를 돈으로 파괴하는 현상을 자세히 서술하고 있었다.

공항에 가서 비행기 좌석을 지정받기 위해 티케팅을 한다. 저렴한 이코노미석을 구매한 사람들은 길게 줄서 있는데, 비싼 퍼스트클래스석을 구매한 사람들은 줄을 서지 않고 곧장 티케팅 서비스를 받는다. 사람들은 여기까지는 그러려니 하고 받아들인다. 그런데 어느 항공사에서 이코노미석 승객에게 5만 원을 더 내면 티케팅을 퍼스트클래스석 고객처럼 해주겠다고 제안했다. 이를 샌델 교수는 돈으로 '새치기'하는 것이라고 비판한다.

샌델 교수는 이러한 새치기가 공공 영역에서도 발생한다고 말한다. 지역개발을 토론하기 위한 공청회에는 한정된 사람들만 참여할 수 있기 때문에 참여를 원하는 사람들은 줄을 서서 공청회 티켓을 받는다. 참여를 원하는 사람들 중에는 지역개발을 수행하고자 하는 기업인들도 있고, 지역개발에 반대하는 환경보호자들도 있다. 그런데 공청회 티켓을 받으려면 오랜 시간 줄을 서야 한다. 돈이 풍부한 기업인들은 여러 명의 아르바이트생을 고용하여 대신 줄을 서게 하고 티켓을 받지만, 돈이 없는 환경보호자들은 오랜 시간 줄서서 티켓을 받는다. 환경보호자들은 지친 상태에서 공청회에 참여하지만, 기업인들은 맑은 정신으로 공청회에 참여한다. 기업인과 환경보호자의 토론에서 누가 유리한지는 자명하다. 샌델 교수는 이때도 기업인들이 돈으로 '새치기'한 것이라고 비판한다.

　이렇게 현실에서 우리는 가격을 지불하기도 하고, 줄서서 기다리기도 한다. 현실에서 시장의 돈과 행정의 줄이 섞인다. 어떤 경우에는 돈과 줄의 섞임이 자연스럽게 여겨지며, 어떤 경우에는 샌델 교수의 지적처럼 불편하게 느껴지기도 한다. 이때 중요한 것은 우리가 모르는 사이에 사회 전체를 통해 자원할당이 이루어진다는 점이다. 사적 자원이 아래로부터 배분되고, 공적 자원이 위로부터 할당된다. 이렇게 배분되고 할당된 자원은 미래를 위한 자산으로 기능한다.

# 15강
# 집단의 갈등해소: 공간 분리의 악화

집단의 갈등은 집단 내부의 갈등과 집단 외부의 갈등으로 구분된다. 집단과 집단은 서로 다른 가치를 지향하기 때문에 가치 갈등이 심각한 양상으로 치달을 가능성이 크다. 같은 가치를 추구하는 집단 내부 구성원의 갈등도 이에 못지않다. 다만 집단 구성원의 갈등은 억제되고 은폐될 수 있다. 하지만 억제된 갈등은 악순환을 타고 더욱 심각한 상태로 성장할 수 있다.

집단 내부의 갈등은 같은 가치를 공유하는 사람들 간의 갈등이다. 같은 연으로 묶인 집단은 동일한 가치를 추구한다. 가정이라는 집단은 가정의 평화와 화목, 사랑을 추구하고, 종교 집단은 같은 신앙을 추구한다. 이때 같은 집단에 속한 한 사람 한 사람 역시 귀중한 가치를 지닌다. 한 가정 또는 한 교회에서 누구의 가치를 더 소중하게 여길 것인가에 따라 가치갈등이 발생한다.

다른 집단과의 갈등은 다른 가치로 인한 갈등이다. 기독교 집단과 불교 집단의 갈등은 상이한 종교적 가치의 갈등이다. 고전음악을 좋아하는 집단과 대중음악을 좋아하는 집단의 갈등 역시 상이한 가치의 갈등이다. 이렇게 충돌하는 가치들이 서로 양보하는 경우는 드물다. 집단이 추구하는 가치를 양보하는 것 자체가 가치를 근원적으로 훼손하는 것으로 받아들여진다. 불교를 위해 기독교의 믿음을 양보할 수 없으며, 불교역시 마찬가지다.

**집단의 갈등해소**

| 공간 분리의 공존 |
| :---: |
| 편견 증폭<br>갈등 악화 |

집단의 갈등은 '공간적 분리'를 통해 '공존'하는 방식으로 해소된다. 집단의 영역은 사적인 프라이버시가 보장되는 영역이다. 프라이버시가 보장되는 사적 공간으로 들어가는 경우 서로의 충돌을 피할 수 있다. 기독교의 가치는 교회 공간에서 추구하고, 불교의 가치는 절의 공간에서 추구하는 방식이다.

집단 내부의 갈등 역시 '분리'를 통한 '공존'의 갈등해소 메커니즘을 활용하는 경우가 많다. 가족 간의 갈등은 각방을 사용함으로써 해소된다. 각자의 방에 들어가서 공존을 모색한다.

공간적 분리를 통해 공존하던 사람들이 더 큰 차원의 집단에서 만나기도 한다. 마을 뒷산에 난 화재를 진화하기 위해 각자의 공간에 분리되어 있던 기독교인과 불교인이 만난다. 같은 지역이라는 더 큰 차원의 집단에서 보면 같은 연으로 같은 집단에 속해 있다는 점을 확인하고 이전의 갈등이 수그러들기도 한다.

하지만 대개 공간적 분리는 집단의 갈등을 악화시킨다. 공간적 분리로 인해 집단과 집단이 서로에 대해 점점 더 알지 못하고, 오해가 증폭되어 편견이 되고 고정관념이 형성된다. 이러한 과정에서 집단 간 혐오감이 형성되기도 한다. 집단혐오는 '집단살해(genocide)'의 비극을 낳기도 한다. 유대인 학살은 나치 정부에 의해 자행된 집단살해다. 세계 곳곳에서 다른 종교를 믿는다는 이유로 주민들 간에 집단살해를 하고 다시 보복살해하는 비극이 종종 발생한다.

도대체 왜 이토록 참혹한 학살이 발생하는가? 언론 보도는 학살을 자행하는 사람들의 악한 인간성을 탓하곤 한다. 우크라이나를 침공하고 시민들을 학살한 러시아 군인들 개인에 대해 비판한다. 하지만 나치의 유대인 학살을 지휘한 아이히만의 재판을 기록한 한나 아렌트는 사회 구조적인 차원에서 접근해야 한다고 말한다. 다른 사람의 입장에서 생각하지 못하는 개인의 '생각 없음(sheer thoughtlessness)'은 비판받아야 마땅하지만 평범한 악일 뿐이라는 것이다. 개인의 평범한 악을 증폭시켜 집단학살이라는 엄청난 비극을 가져오는 근본 원인은 사회 구조라는 지적이다. 한나 아렌트는 나치 관료제를 그 원인의 하나로 지적하기도 했다. 나는 '집단의 공간 분리' 역시 중요한 원인이라고 생각한다. 공간 분리는 일시적으로 갈등을 해소하는 듯하지만, 시간의 흐름에 따라 갈등의 골은 더 깊어진다. 나치의 유대인 학살도 사실은 '공간 분리'에서 출발했다. 처음에는 유대인을 분리하여 게토 지역에 수용했으며, 독일 영토에서 추방하려고 했다. 공간적 분리라는 사회 구조가 개인 차원에서의 '생각 없음'을 키우고, 집단학살의 비극을 가져온다.

# 16강
# 정치의 갈등해소: 시간 분리의 완화

공적 가치를 다루는 정치 영역에서는 공간적 분리를 통한 공존을 추구하기 어렵다. 공적 영역에서는 프라이버시가 보장되지 않는다. 정치 영역에서 가치 갈등은 선거를 통해 승자와 패자를 가림으로써 해소된다. 대개의 경우 "승자가 독식한다 (winner takes all)". 대통령에 당선된 정치인이 모든 행정부의 장관을 임명할 권리를 갖는다.

그런데 선거를 통한 갈등해소에는 기한이 있다. 우리나라의 경우 대통령은 5년, 국회의원은 4년, 시장과 군수와 지사는 4년 임기다. 임기가 끝날 즈음 가치 갈등은 다시 분출한다. 다시 선거가 열리고 경쟁하는 가치가 충돌한다. 이전에 승리한 가치가 다시 승리할 수도 있지만, 이전에 패배한 가치가 새로 승리할 수도 있다. 이렇게 지배하는 가치가 시간적으로 교대될 수 있다는 가능성을 열어둠으로써 정치 영역에서 극심한 갈등은 해소된다. 아무리 큰 정치적 갈등이 있다고 하더라도 4~5년 후에 다시 겨루어볼 수 있다.

정치 세계에서 가치갈등은 시간적 분리를 통해 공존한다. 이번 선거에서 패배한 가치를 마냥 무시할 수는 없다. 다음 선거에서 승리할 수 있기 때문이다. 또 이번 선거에서 승리한 가치에 대해 마냥 복종할 필요는 없다. 4~5년만 참으면 현재의 지배적인 가치를 전복시킬 수도 있기 때문이다. 시간적 교대의 가능성이 있기에 현재의 패배를 참고 견딜 수 있다.

**정치의 갈등해소**

| 시간 분리의 공존 |
| --- |
| 가치 공유<br>갈등 완화 |

시간적 교대를 통한 공존 방식은 동양의 주역 사상에서 종종 언급하는 갈등해소 방식이다. 강자가 약자가 되고, 약자가 강자가 된다. 공자는 주역의 이러한 교대에 대해 "일음일양위지도(一陰一陽謂之道)"라고 주석을 달았다. "한번은 음이 지배하고 다음번에는 양이 지배하는 것, 이것이 바로 도"라는 뜻이다. 정치 세계에서 10년을 지속하는 권력이 없다는 말이 있다.

"권불십년 화무십일홍(權不十年 花無十日紅)"이라는 말이다. "권력은 10년을 못 가고, 꽃은 10일 동안 붉게 피지 못한다"는 시적 표현이다. 그런데 이것이 정치 세계에서 상이한 가치들의 갈등을 해소하고 공존할 수 있도록 만드는 메커니즘이다.

시간적 분리를 통해 공존하는 가치들은 점차 서로 섞이고 공유된다. 진보적인 정당이 집권하여 평등을 중시하는 정책을 펼친다. 그런데 다음번 선거에서 보수적인 정당이 승리하여 집권한다고 해서 이전의 모든 평등 정책을 일거에 중단시키지 않는다. 이전의 평등 정책으로 인해 수혜를 받던 사람들로부터 큰 반발을 불러일으키기 때문이다.

심리학자로서 노벨 경제학상을 받은 트버스키와 카너먼(Tversky & Khaneman)은 사람들이 '이익(gain)'보다 '손해(loss)'에 훨씬 더 민감하다는 점을 발견했다. 1만 원을 얻은 즐거움보다 1만 원을 잃은 슬픔이 훨씬 크다는 것이다. 진보 정당이 집권하여 최저임금을 3천 원 인상한다고 해서 그다지 큰 호응을 얻지 못할지라도 보수 정당이 집권하여 최저임금을 3천 원 인하한다면 엄청나게 큰 반발에 직면한다. 결국 선거에서 승리하여 새로 집권한 정당은 패배한 정권이 도입한 가치의 상당 부분을 이어 받는다. 정당은 이러한 과정을 통해 정책과 가치를 공유한다. 그리고 정당의 가치 갈등은 점차 완화된다. 시간적 분리와 교대를 통해 가치 갈등을 해소하는 정치는 장기적으로 갈등을 완화시킨다.

가치 갈등은 정치를 통해 완화되지만 아주 없어지지 않는다. 해소되지 않은 가치 갈등은 행정의 영역으로 넘어간다. 행정으로 하여금 경제 성장이라는 가치를 추구하는 동시에 사회 평등이라는 가치를 확대하라고 요구한다. 하지만 경제 성장을 선택하면 사회 평등이 훼손되고, 거꾸로 사회 평등을 선택하면 경제 성장이 지체된다. 이런 상황에서 행정인은 딜레마에 빠진다. 어떠한 정책도 쉽게 선택할 수 없는 딜레마이다. 이러한 정책 딜레마에 대해서 이종범 교수님과 그의 제자들이 지난 30여 년 연구했다. 앞으로도 중요한 연구 주제이다. 해소되지 않은 정치적 갈등이 행정의 딜레마로 전환되지만, 많은 정책 딜레마는 행정에서 면밀하게 다루어지지 않는다. 행정에서 무시된 딜레마는 경제의 난국으로 그리고 다시금 집단과 정치의 가치 갈등으로 이어진다.

# 17강
# 집단과 정치의 갈등해소 스펙트럼

　　현실은 극과 극의 중간 지점에 위치하는 경우가 많다. 현실에서는 공간 분리에 의존하는 방법과 시간 분리에 의존하는 방법의 중간 지점에서 갈등을 해소하는 경우를 쉽게 목격할 수 있다. 단체여행을 계획하면서 회원들이 희망하는 여행지가 달라서 갈등을 겪는 경우가 있다. 집단의 일부는 저렴한 국내여행을 선호하는 반면, 집단의 일부는 해외여행을 선호한다. 이러한 갈등은 두 가지 방식으로 해소될 수 있다. 국내여행을 희망하는 사람들끼리 국내여행을 가고, 해외여행을 희망하는 사람들끼리 해외여행을 가는 공간 분리의 해소 방법이다. 하지만 단체행동을 강조하는 집단에서는 이러한 공간 분리 방식을 선택하기 어렵다. 집단 구성원들 간의 투표를 통해 이번에는 국내여행을 가고, 다음 기회에 해외여행을 도모하는 방법을 선택할 수 있다. 이는 시간 분리의 방법이다.

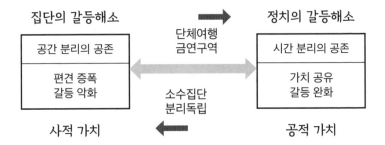

최근 금연 문화가 확산하면서 흡연자와 비흡연자의 갈등이 심화되고 있다. 불과 10여 년 전까지만 하더라도 이러한 갈등은 공간 분리에 의해 해소되어왔다. 흡연자의 공간과 비흡연자의 공간을 분리하는 방안이었다. 흡연자는 자기 방에 가서 자유롭게 흡연할 수 있었다. 하지만 담배 연기가 비흡연자의 공간으로 퍼진다는 문제가 있다. 비흡연자는 담배 연기의 피해를 막기 위해 창문을 닫아야 했다. 공간 분리에 의한 갈등해소가 당연한 것으로 여겨지던 시대에는 이러한 비흡연자의 고통을 어쩔 수 없는 것으로 여겼다. 하지만 금연 문화의 확산으로 인해 비흡연자의 목소리가 높아졌다. 주민들의 과반수가 동의하는 경우 특정 장소를 금연구역으로 지정하는 정치적 투표 방식이 확대되고 있다.

갈등해소 방법이 정치적 투표 방식에서 공간 분리 방식으로 바뀌는 경우도 있다. 분리독립하고자 하는 소수민족의 경우가 대표적이다. 소수민족은 정치적인 투표 방식을 통해 자신들의 이익을 보장받기 어렵다. '소수자(minority)'여서 투표에서 항상 패배하기 때문이다. 투표 방식은 소수자들에게 다음 기회를 제공하지 못한다. 투표 방식은 그들에게 영원한 패배이며 소외를 의미할 뿐이다. 이러한 상황에서 소수자 및 소수민족은 기존의 집단에서 분리하여 독립하고자 한다.

소수자들의 분리독립은 종교 집단의 갈등에서도 자주 목격된다. 강력한 권한을 행사하는 목사에게 반대하는 장로들이 몇몇 신도들과 함께 기존의 교회에서 나와서 독립된 교회를 세운다. 전통적인 교리의 일부를 변경하고자 하는 목사들이 기존 교파를 깨고 나와 새로운 교파를 만들기도 한다. 기존의 교파에서 총회를 열어 투표하더라도 그들의 의견은 소수의 견으로 부결될 가능성이 높기 때문이다.

이렇게 현실에서는 공간 분리와 시간 분리의 갈등해소 방법이 혼재되어 사용된다. 그렇다고 갈등이 해소되는 것은 아니라는 점을 기억해야 한다. 해소된 것처럼 보이는 갈등이 어느 순간 어느 지점에서 폭발할지 모른다. 갈등해소는 계속 반복한다. 그래서 '갈등해결(conflict solution)'이라고 하지 않고, '갈등해소(conflict resolution)'라고 한다. 해소된 것처럼 보이는 갈등이라도 다시 한번 보듬고 위로하고 배려해야 평화를 유지할 수 있다.

# 4부
# 실패의 다이내믹스

제3부에서 이야기한 메커니즘이 잘 작동하면, 그 사회는 잘 돌아갈 것이다. 그런데 사람이 만든 메커니즘이 완전할 수는 없다. 시대와 환경이 변하면서 이전에는 잘 작동하던 메커니즘이 헛돌기도 한다. 사람이 만든 사회 제도는 실패하기 마련이다. 성공이 아니라 실패가 당연한 일이다. 그렇다고 실망하거나 좌절할 필요는 없다. '실패(failure)'를 인정하면 '학습(learning)'으로 이어진다. 종종 기득권을 고집하는 자들이 실패를 인정하지 않고 기존의 메커니즘을 고집하는 경우가 있다. 학습으로 이어지지 못하는 실패의 반복은 '혁명(revolution)'에 직면한다.

# 18강
# 시장실패: 공공재

시장은 사람이 만든 제도 중에서 가장 완전하다고 여겨져 왔다. 애덤 스미스는 시장을 '보이지 않는 손(invisible hands)'이라고 부르면서 '보이는 손'인 행정보다 우수하다고 강조했다. 하지만 시장이 제 기능을 하지 못할 때가 있다는 점이 후대의 학자들에 의해 발견되었다. 가장 대표적인 것은 '공공재(public goods)'라고 불리는 재화에 관해서다. 사회가 돌아가기 위해 공공재가 필요한데, 시장은 공공재를 공급할 수 없다는 것이다. 이것이 근본적인 '시장실패(market failure)'로 간주되었다.

공공재는 모든 사람이 공동으로 사용할 수 있는 재화 또는 서비스다. 대표적인 예는 공원, 도로, 가로등, 경찰, 군대, 소방서 등이다. 이런 공공재는 시장 메커니즘을 통해 공급되기 어렵다. 기업인들이 투자해서 수익(돈)을 내기가 어렵기 때문이다.

공공재의 반대는 '사적 재화(private goods)'다. 사적 재화는

'배제성(excludability)'과 '경합성(rivalness)'을 지닌다. 자가용을 생각해보자. 자가용 열쇠를 내가 가지고 있기 때문에 다른 사람들이 내 자가용에 접근할 수 없다. 즉, 배제성을 갖추고 있다. 그런데 다른 사람이 열쇠를 훔쳐서 내 자가용을 운전하면, 나는 내 자가용을 사용할 수 없다. 이른바 경합성이 존재한다. 자가용과 마찬가지로 집도 사적 재화다. 현관문을 닫아서 다른 사람들이 내 집에 들어오지 못하게 할 수 있다. 그런데 만일 어떤 사람이 내 집에 들어와 점유하고 있으면, 나는 내 집을 사용할 수 없다. 즉, 배제성과 경합성을 모두 충족한다. 배제성과 경합성을 지니는 '사적 재화'는 시장을 통해 매매된다.

공공재는 '비배제성(non-excludability)'과 '비경합성(non-rivalness)'을 지닌다. '비배제성'이란 사람들이 소비하지 못하도록 배제할 수 없다는 특성이다. 공원에 철책을 두를 수 없고, 그래서 요금을 내지 않은 사람의 출입을 배제할 수 없는 경우다. '비경합성'이란 한 사람이 소비한다고 해서 다른 사람의 소비가 제한되지 않는다는 특성이다. 한 사람이 공원에서 휴식을 취하더라도 다른 사람들이 자유롭게 공원을 이용할 수 있다. '비경합성'이 존재하는 재화에 대해서는 소비자에게 요금을 내라고 할 필요가 없다. 아무리 많은 사람이 사용하더라도 재화가 없어지거나 제한되지 않기 때문이다. '비배제성'이 존재하는 재화에 대해서는 소비자에게 요금을 내라고 강제할 수 없다. 요금을 내지 않은 소비자를 차단할 수 없기 때문이다.

결국 '사적 재화'는 시장에 제공될 수 있지만, '공공재'는

시장에 제공되지 못한다. 시장실패가 발생하는 것이다. 그렇다면 '공공재'는 어떻게 제공될 수 있는가? 말 그대로 공공의 영역에서 제공될 수 있다. 행정이 공공의 영역에서 공공재를 제공하는 것이다. 행정이 공원을 조성하고, 도로를 건설하고, 가로등을 달아준다. 또한 행정이 군대와 경찰을 조직하고, 외부의 적과 내부의 범죄로부터 국민을 보호한다. 결국 시장이 실패하는 영역은 행정이 개입할 수밖에 없으며, 행정이 개입하는 만큼 '공공(public)'의 영역이 된다.

# 19강
# 시장실패: 비윤리적 시장

공공재를 공급하는 시장은 잘 형성되지 않는다. 시장이 돌아가지 않기 때문에 '시장실패(market failure)'다. 그런데 시장이 잘 돌아가는데도 시장실패라고 하는 경우가 있다. 비윤리적인 시장의 경우다. 예를 들어 성매매 시장은 대표적인 비윤리적 시장이다. 자유롭게 시장에서 공급되도록 허용하면, 여기저기에 집창촌이 형성된다. 인간의 장기를 매매하는 시장 역시 비윤리적인 시장이다. 신장 이식을 받고자 하는 환자와 신장을 떼어주고 큰돈을 받고자 하는 사람이 커다란 시장을 형성한다. 여기에 사채업자 같은 폭력조직이 개입하기도 한다. 아마도 가장 비윤리적이고 규모가 큰 시장은 '마약 시장'일 것이다. 마약에 중독된 소비자는 마약의 노예가 된다. 마약 공급자는 이를 활용하여 큰돈을 번다. 마약 시장은 공급자와 소비자 모두 중독되기 쉬운 시장이다.

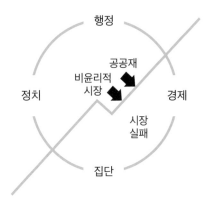

아무리 시장이 잘 돌아간다고 하더라도 비윤리적인 시장을 허용할 수는 없다. 비윤리적인 재화와 서비스를 매매하는 시장은 그 자체가 악한 제도다. 이러한 시장에 대해 '행정'이 직접 개입한다. 행정이 시장의 형성 자체를 금지한다. 마약을 거래하는 공급자와 소비자를 발견하는 즉시 구금한다.

물론 비윤리적인 시장이라고 할지라도 부분적으로 허용하는 경우도 있다. 국가에 따라서는 성매매 시장을 허용하되 행정이 그 영업을 허가하고 관리하기도 한다. 비윤리적인 시장이라고 무조건 금지할 경우 부작용이 발생하기 때문이다. 지나치게 강력한 성매매금지법은 오히려 성매매 시장을 지하로 숨어들게 하여 감시하기가 더욱 어려워진다.

미국의 경우 금주법을 시행한 적 있다. 하지만 여전히 술을 마시고 싶어 하는 사람들은 사라지지 않았다. 사람들은 비밀리에 술을 만들어 매매했다. 술을 매매하다가 적발되면 큰 벌금을 물어야 했다. 술 가격에 벌금까지 포함되면서 술 가격이 급등했다. 비밀리에 술을 만들어 파는 사람들은 큰 수익을 얻을 수 있었다. 불법 자금이 몰리는 곳에는 폭력 조직이 형성되기 마련이다. 미국 사회에서 밀주 매매를 둘러싸고 조직폭력이 급격히 성장했다. 이제 국가적으로 음주가 아니라 조직폭력이 더 큰 문제가 되었다. 이렇게 비윤리적인 시장이라고 해서 무조건 금지할 경우, 예상치 못한 부작용이 발생하곤 한다.

시장이 실패하는 만큼 행정의 영역이 늘어난다. 시장이 제공하지 못하는 공공재를 제공하는 일이 행정의 업무이며, 비윤리적인 시장을 금지하고 단속하는 일 역시 행정의 일이다. 공공재와 비윤리적 시장은 시장실패의 극단적인 개념이다. 현실에서 발생하는 시장실패 및 행정의 개입은 이 양 극단의 중간에 위치한다.

정보통신 시대에 인터넷은 가장 중요한 '사회적 기반(social infrastrcture)'이다. 인터넷 역시 시장에 맡기면 충분히 공급되지 못할 가능성이 높다. 초기에 막대한 자원을 투자해야 하지만, 그만큼 수익을 창출하기 어렵기 때문이다. 민간 기업의 인터넷 투자를 행정이 유도·지원하고, 때로는 강제하기도 한다.

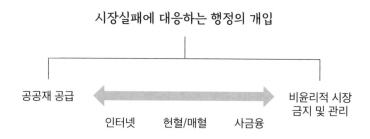

민간 기업이 인터넷이라는 네트워크를 제공하는 것처럼 보이지만, 실제로는 행정의 적극적인 개입을 통해 제공된다.

또한 사금융에 대해서도 행정이 지속적으로 감시하고 관리한다. 사금융 자체가 비윤리적 시장은 아니다. 다만 사회에서 허용할 수 없는 수준의 대출이자가 발생할 위험이 있다. 또한 순진한 소비자를 현혹하여 위험성이 높은 투자를 하도록 유도할 수도 있다. 이처럼 사금융의 비윤리적인 행태를 관리하기 위해 행정이 지속적으로 개입한다.

혈액 공급에는 두 가지 방식이 있다. 자발적으로 피를 기부하는 '헌혈'과 돈을 받고 피를 판매하는 '매혈'이다. 우리나라에서는 「혈액관리법」이 제정된 이후 매혈이 금지되었다. 장기 매매가 비윤리적인 것은 명확하지만, 매혈은 비윤리적이라고만 할 수 없다. 혈액은 재생되기 때문이다. 미국의 경우에는 매혈과 헌혈이 공존한다. 하지만 매혈 자체가 비윤리적이지는 않다고 하더라도 매혈은 비윤리적인 사회적 결과를 초래한다. 첫째, 매혈은 피를 팔아야 할 만큼 가난한 사람들에 의해 공급된다. 생계를 위해 매혈하다 보니 본인의 질병을 밝히지 않는 경우가 많고, 그래서 매혈에 의해 수집된 혈액은 헌혈에 의해 수집된 혈액에 비해 위험하다고 한다. 둘째, 매혈을 허용하면 헌혈이 감소한다. 봉사하는 마음으로 헌혈하는 사람들이 많아지면, 매혈하는 사람들이 받는 피의 값이 떨어진다. 결국 헌혈하는 사람들은 매혈하는 사람에게 피해를 준다는 사실을 깨닫게 되어 헌혈을 자제한다는 것이다. 셋째, 매혈에 의한 혈액 공급은 가난한 사람의 피를 뽑아 부자에게 공급하는 사회적 결과를 초래한다. 이러한 사회적 현상은 비윤리적이다.

이러한 비윤리적 결과를 방지하기 위해 행정이 개입한다. 행정은 매혈을 억제하면서 헌혈을 독려함으로써 국민의 공공재인 혈액을 윤리적으로 공급하고자 한다. 다행히 적십자사 같은 봉사기관이 헌혈을 주도한다. 행정은 적십자사를 지원함으로써 윤리적인 방식의 혈액 공급을 유지한다. 이는 행정과 집단이 협동함으로써 공공재를 제공하는 '협치'의 전형적인 사례다.

# 20강
# 집단실패: 복지국가

거대한 시장실패는 집단실패로 이어진다. 1920~1930년대에 전 세계를 강타한 대공황의 경제위기로 인해 수많은 사람이 직장을 잃었다. 가정은 더 이상 가족 구성원들에게 생계를 보장할 수 없게 되었다. 전통적으로 가족은 복지 공동체였다. 가족 구성원들이 경제 활동을 통해 벌어들인 수익을 가지고 가족 전체의 생계를 보장했다. 수익이 없는 어린아이와 노인뿐만 아니라 직장을 구하지 못한 청년들의 생계까지 가족이 보장했다. 하지만 거대한 시장실패인 경제 대공황은 가족을 위기에 빠뜨렸다.

미국의 루스벨트 대통령은 경제 대공황을 극복하기 위해 정부 주도로 댐, 수력발전소, 도로 등 '사회기반시설(social infrastructure)'을 대대적으로 건설했다. 대대적으로 공공재를 건설하여 일자리를 창출하고 마비되었던 시장을 다시 돌아가게

하는, 이른바 뉴딜 정책이 실시되었다. 일자리 공급과 더불어 노령연금과 실업보험 같은 사회보장제도를 본격적으로 도입하기 시작했다. 루스벨트 대통령의 뉴딜 정책은 많은 일자리를 창출하여 가족 공동체를 회복시키는 한편, 가족 공동체가 감당하기 어려운 가족 구성원에 대한 사회보장을 제공하고자 했다.

제2차 세계대전을 거치면서 미국의 보수 정치인들이 뉴딜 정책으로 도입된 사회 안정 정책을 폐지하여 미국은 '복지국가'의 대열에서 탈퇴했다. 하지만 미국의 뉴딜 정책은 전 세계에 '복지국가'의 가능성을 제시했다. 특히 제2차 세계대전으로 인해 사회 전체가 피폐해진 유럽 국가들은 '복지국가'로 전환하기 시작했다. 제2차 세계대전의 와중에 영국은 전쟁이 끝난 후의 사회 안정을 준비하기 위한 조사위원회를 만들었고, 이 조사위원회에서 만든 보고서가 유명한 「베버리지 보고서」다. 「베버리지 보고서」는 빈곤이 없는 사회를 지향하면서 아동수당, 보편의료, 완전고용, 국민 최저생계 수준 보장을 제시했다(위키피디아 참고). 「베버리지 보고서」는 독일의 나치 정부가 '전쟁국가(warfare state)'라는 점을 빗대어 영국은 '복지국가(welfare state)'로 나아가야 한다고 주장했다.

20세기 초반 미국의 경제 대공황과 유럽의 제2차 세계대전은 사회 기능을 마비시키고 거대한 공포와 위기감을 가져왔다. 전통적으로 가족의 생계를 담당했던 가정 공동체가 그 기능을 감당할 수 없었다. 가족 구성원의 생계를 국가가 보장한다는 '복지국가' 개념이 확산되었다. 그만큼 행정의 영역이 집단의 영역으로 확장되기 시작했다.

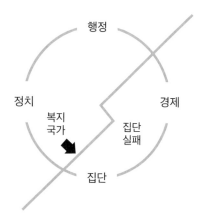

복지국가의 등장은 행정의 규모를 급격히 확대시켰다. 시장실패를 보완하고 규제하는 역할에 그쳤던 행정의 영역을 집단을 포함하는 사적 세계의 영역으로 확대시켰다. 행정의 역할이 확대되면서 정부의 규모 역시 증가했다. 이른바 '큰 정부 이론'이 자리 잡기 시작했다.

# 21강
# 집단실패의 원인: 공유의 비극

    20세기 초 서구사회 전반에 걸쳐 나타난 집단실패는 두 차례의 세계대전과 시장실패의 결과였다. 작게는 가정 공동체에서부터 크게는 사회 공동체에 이르기까지 그 구성원들의 생계를 보장하는 데 실패한 것이다. 그런데 이러한 집단 공동체가 실패할 수밖에 없다는 이론적 근거를 제시한 것은 1968년 『사이언스(Science)』 저널에 실린 개릿 하딘(Garrett Hardin)의 「공유의 비극(Tragedy of Commons)」이라는 논문이었다. 하딘은 이렇게 말한다.

    "공유의 비극은 이렇게 전개된다. 모두에게 열려 있는 초원을 생각해보라. 이 공유지에서 농부들은 각자 최대한 많은 가축을 기르고자 할 것이다."

참으로 아름다운 문장이다. 처음 이 논문을 읽었을 때 나는 당황스러울 정도로 감탄했다. 간결하고 아름다운 단어와 문장으로 가득하면서도 논리의 전개가 흐트러짐 없이 명쾌한 글이었다. 사회과학 논문이 이렇게 아름다울 수 있다는 것을 처음 깨달았다.

하딘의 주장은 세 문장에 함축되어 있다. 먼저 모두에게 열려 있는 초원이 '공유재(commons)'라는 것이다. 이 초원에는 주변의 농부들이 모두 접근할 수 있다. 그러므로 이 초원은 비배제성을 지닌다. 그런데 어떤 농부가 가축들을 몰고 와서 초원에 있는 풀을 다 먹게 하면, 다른 농부의 가축들은 풀을 먹을 수 없다. 그렇게 되면 이 초원은 경합성의 특성을 지닌다. 일반적인 공공재는 비배제성과 비경합성의 특성을 지닌다. 그런데

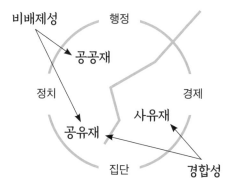

집단이 공동으로 접근할 수 있는 '공유재'는 비배제성의 특성만 지닌다.

하딘은 세 번째 문장에서 농부들이 각자 공유지인 초원에서 기를 수 있는 최대한의 가축을 키우려 한다고 말한다. 공유지인 초원에서 풀이 줄어드는 피해는 농부들이 공동으로 부담하지만, 농부들 각자는 가축을 키우는 만큼 이익을 얻는다. 결국 농부 한 사람 한 사람에게는 가축을 한 마리 더 키우는 것이 이익이다. 이렇게 해서 너도 나도 가축을 더 키우기 시작한다. 결국 공유지 초원에 풀이 거덜나 한 마리의 가축도 키울 수 없게 된다. 공유지가 파멸에 이르는 것이다.

"공유재의 자유는 모두에게 파멸을 초래한다."

공유지는 자유롭게 농부들에게 맡겨져서는 안 된다. 농부들의 집단에 맡겨진 공유지는 파멸에 이를 수밖에 없다. 공동으로 사용하는 저수지도 마찬가지다. 마을 주민들이 공동으로 접근할 수 있기에 비배제성을 지니고, 저수지의 물을 퍼 가면 다른 사람들이 사용할 수 없기에 경합성을 지닌다. 마을 주민들은 저수지 물을 최대한 자신의 농지에 공급하려고 한다. 결국 저수지의 물이 과도하게 사용되어 금세 말라버린다.

전통적으로 마을 농민들은 초원과 저수지를 공동으로 관리한다. 그런데 하딘은 농민 공동체가 공유지를 관리할 수 없다고 말한다. 각자 더 많은 풀을 먹이고 더 많은 물을 소비하려고 하다 보니 공유지가 파괴된다. 집단 공동체의 자유로운 관리는 공유지를 파괴시키는 집단실패를 가져온다. 이를 방지하기 위해 결국 '행정'이 개입해야 한다는 것이다. 농민들의 자유를 억제하고, 농민들의 가축을 억제하기 위해 행정이 개입해야 한다. 행정은 비배제성과 비경합성을 지니는 공공재를 공급하는 업무를 맡아왔는데, 이제 비배제성을 지닌 공유지를 관리하는 일까지 맡아야 한다는 것이다.

집단은 자원을 공유한다. 가장이 벌어온 수익은 가족 구성원 누구나 사용할 수 있다. 가족의 통장에 특정한 가족 구성원의 접근을 배제할 수는 없다. 그렇다면 이미 그 가족 구성원은 가족이 아닌 셈이다. 이렇게 가족은 수익에 대해 비배제성의 특성을 지닌다. 그리고 공유재와 마찬가지로 경합성의 특성을 지닌다. 가족 구성원 중 한 사람이 사고를 쳐서 가족의 통장을 사용해버리면, 나머지 가족 구성원들은 그 통장을 더 이상 사용할 수 없다.

공유재인 가족의 통장은 먼저 쓰는 사람이 임자인 셈이다. 가족 구성원들 스스로 자제하지 않으면, 가족 통장은 금세

깡통이 된다. 집단의 자원은 공유재의 속성을 가지기 때문에 아껴서 관리하기 어렵다. 종교 단체의 공금 역시 어디에선가 새나가기 쉽다. 사람들이 악해서가 아니라 그 자원이 공유재이기 때문이다. 공유재를 관리하는 집단은 필연적으로 실패한다는 것이 하딘이 말하는 '공유의 비극'이다.

# 22강
# 집단의 자치와 협치

공유재에 대해 집단 공동체 스스로 관리할 수 있다는 주장이 등장한 것은 비교적 최근의 일이다. 엘리너 오스트롬 (Elinor Ostrom) 여사는 과연 집단 스스로 공유재를 관리할 수 있는지 연구했다. 아프리카 마을을 탐방하여 주민들이 저수지를 어떻게 관리하는지를 관찰하고 연구한 결과, 오스트롬은 주민들 스스로 공유지를 관리할 수 있다는 점을 보여주었다. 이른바 주민 스스로 통치하는 말 그대로의 '자치(self governance)'다. 이러한 그녀의 연구는 1990년 "Governing the Commons"라는 제목으로 출판되었으며, 그로부터 20년 후 그녀는 정치학자로서 노벨 경제학상을 받았다.

주민들은 저수지 물을 과도하게 사용하면 저수지가 고갈될 것이라는 점을 알고 있었다. 주민들은 함께 모여 회의를 열었다. 그리고 한 가구당 저수지에서 사용할 수 있는 물의 양을 정했다. 마을 주민들은 약속이 잘 지켜지는지 감시하고 모니터링했다. 결국 저수지는 고갈되지 않았으며, 마을 주민들에게 물이 부족하지도 않았다.

이후 공유재에 대한 집단의 자치는 세계 곳곳에서 관찰되었다. 바다의 물고기 역시 공유재다. 누구나 접근해서 포획할 수 있기에 비배제성을 지니지만, 과도하게 포획할 경우 물고기의 씨가 말라 포획량이 급격하게 감소하는 경합성을 지닌다. 수백 년에 걸쳐 이러한 공유의 비극을 체험한 어민들은 스스로 회의를 열어 배 한 척당 포획할 수 있는 물고기의 양을 정하고, 알을 밴 물고기와 어린 물고기에 대한 포획을 금지한다. 공유재를 관리하는 일이 주민들에게는 오랜 문화이자 풍속으로 전해져 내려온다. "자연과 함께 산다"는 말이 사실은 공유재를 스스로 관리하는 방식이었다.

1968년 하딘이 '공유의 비극'을 주장한 이후 20여 년이 지나서 오스트롬은 집단에 의한 '공유의 자치'를 주장한 셈이다. 사실 이들의 주장은 공유재에 대한 관리의 극단적인 경우에 해당한다. 현실에 존재하는 집단의 공유재 관리는 하딘과 오스트롬의 중간 정도에 위치한다.

최근 우리 사회에서 공유재의 대표적인 사례로 '맑은 공기'를 들 수 있다. 특히 공동주택의 흡연 피해에 대한 호소가

공유재에 대한 집단의 관리

공유의 비극
(Tragedy of Commons,
G. Hardin)

행정과 집단의 협치
(New Governance)

공유의 자치
(Self Governance,
E. Ostrom)

많다. 공동주택의 공기는 공유재라고 할 수 있다. 공기는 누구든지 접근할 수 있다. 일종의 비배제성이다. 하지만 담배 연기로 인해 맑은 공기가 감소한다. 경합성에 해당한다. 주민들 모두 흡연의 피해를 알지만, 흡연자들은 자제하지 않고 비흡연자들은 얼굴을 붉히면서 항의하지 않는다. 공동주택의 공기는 자주 담배 연기로 오염된다. 하딘이 이야기한 공유의 비극이 발생한다.

공동주택의 흡연 문제에 대해 주민들이 불만을 제기하면서 주민 회의가 열리고, 금연에 대한 논의를 시작한다. 주민들 간에 금연을 약속하고, 어기는 사람에게 벌금을 납부하도록 약속한다. 오스트롬이 이야기한 '자치(self governing)'를 통한 공유재의 관리다.

현실에서는 하딘의 비극이 지속되지도 않지만, 오스트롬의 자치가 완전히 성공하는 경우도 드물다. 몰래 흡연하고 벌금을 내지 않는 사람들이 있다. 이로 인해 주민들 간에 싸움이 벌어지기도 한다. 이때 행정의 개입이 효과적이다. 행정부 공무원이나 경찰이 직접 출동해서 흡연자를 단속하는 것은 큰 비용이 들 뿐만 아니라 필요 이상으로 공동주택에 살벌한 분위기가 조성된다. 행정의 간접적인 지원이면 충분하다. 행정이 주민 공동체로부터 흡연자에 대한 불만을 접수받아 주민들에게 관리 지침을 전달하고 협조를 부탁하는 것만으로도 효과를 볼 수 있다. 이렇게 주민 공동체와 행정이 협조하는 방식을 '협치(new governance)'라고 부른다. 영어로는 '새로운 통치 방식'이지만, 그 내용이 행정과 집단의 협동에 의한 통치이기 때문에 우리나라에서는 협치라고 부른다.

# 23강
# 정부실패: 민영화와 요금재

시장실패를 치료하기 위해 경제에 대한 행정의 개입이 이루어지고, 집단실패에 처한 가족 공동체를 구하기 위해 행정이 책임지는 복지국가가 등장했다. 이제 행정은 사회의 전 분야를 관할하는 거대한 조직으로 성장했다. 하지만 행정의 역할이 커질수록 한계가 드러나기 시작했다. 행정은 근본적으로 시장 같은 효율성을 발휘하지 못하기 때문이다. 행정의 '관료제(bureaucracy)'는 군주의 자의성을 제어하기 위해 절차를 강조해왔다. 이것이 국가나 사회에 최소한의 합리성을 제공했기 때문이다. 행정이 경제의 영역으로 들어오면서 돈을 벌기 위한 효율성을 강조하는 민간 기업들과 절차에 집착하는 행정이 대비되었다. 역설적으로 행정의 무능력과 비효율성이 드러나기 시작했다. 실패한 환자보다 치료하는 의사가 더 형편없다는 불만이 터져 나온다. 20세기 중반 이후 여기저기에서 '정부실패(government failure)'라는 말이 나오기 시작했다.

최근 우리 사회에서 발생한 가장 대표적인 '정부실패'의 사례로 '한국토지주택공사'를 들 수 있다. 일명 'LH(Land & House)공사'라고 부르는 한국토지주택공사는 정부가 투자해서 설립한 공기업이다. 거대한 공기업인 토지주택공사의 비효율적인 운영에 대해 비판이 제기되곤 했다. 2009년도에 이명박 정부는 공기업 선진화 정책의 일환으로 기존의 '한국토지공사'와 '대한주택공사'를 합쳐서 '한국토지주택공사'를 설립했는데, 설립한 근본적인 이유는 기하급수적으로 증가한 주택공사의 부채를 감당할 수 없었기 때문이다.

2021년 3월 한국토지주택공사는 또 다른 사건으로 여론의 집중적인 비판을 받았다. 부동산 정책의 실패를 만회하기 위해 갖가지 정책을 발표하던 와중에 한국토지주택공사의 직원들이 부동산 투기를 일삼아왔다는 사실이 폭로되었다. 정부의 지역개발계획을 잘 알고 있던 한국토지주택공사 직원들이 땅 투기를 해서 막대한 이익을 거두었다는 것이다. 여론의 집중 포화를 받는 와중에도 한국토지주택공사의 내부 게시판에는 "내부에서는 신경도 안 쓴다"는 식으로 조롱하는 글이 게시되기도 했다. 공기업의 무능함과 부정부패에 더하여 오만함이 여과 없이 드러난 사건이었다.

'정부실패(government failure)'라는 말이 나올 수밖에 없는
상황이다. 시장실패를 치료하기 위해 경제 영역에 개입한 정
부가 더 큰 실패를 가져왔다는 비판이다. 정부실패가 명백해
진 상황에서 정부의 시장 개입은 명분을 잃는다. 무능력할 뿐
만 아니라 부패하고 오만한 정부의 개입을 중단하라는 요구가
빗발친다. 시장에 개입하기 위해 정부가 설립한 공기업을 해
체하라는 요구다.

그렇다고 모든 공기업을 해체할 수는 없는 일이다. 공기업
을 해체한다고 해서 공기업이 수행하던 역할을 민간기업이 잘
대체할 것이라고 장담하기도 어렵다. 이러한 상황에서 사베스
(Emanuel S. Savas)는 1987년『민영화(Privatization: The Key to Better
Government)』라는 책을 통해 가이드라인을 제시했다. 이 책에
서 사베스는 공공재를 더욱 체계적으로 분류하면서 '요금재'
라고 할 수 있는 공공재를 민영화할 수 있다는 점을 주장했다.

배제성과 경합성을 지닌 사유재는 민간 부문에서 담당하
고, 비배제성과 비경합성을 지닌 공공재는 행정이 담당해야
한다는 것이 전통적인 학자들의 주장이었다. 그리고 하딘과
오스트롬은 비배제성을 지니지만 경합성을 지니는 공유재에
관한 행정의 개입을 논의했다. 사베스가 주목한 재화는 비경
합성을 지니지만 배제할 수 있는 공공재였다. 사베스는 이를

|  | 비배제성 | 배제성 |
|---|---|---|
| 비경합성 | 공공재 | 요금재 |
| 경합성 | 공유재 | 사유재 |

'요금재(toll goods)'라고 불렀다.

고속도로가 대표적인 '요금재'다. 고속도로의 톨게이트는 요금을 받는 곳이다. 요금을 내지 않는 차량은 톨게이트를 통과할 수 없고, 고속도로를 이용할 수 없다. 고속도로는 요금을 내지 않는 차량을 배제할 수 있다. 이렇게 고속도로는 배제성을 지닌다. 그런데 차량 한 대가 고속도로를 사용한다고 해서 다른 차량이 고속도로를 사용하지 못하는 것은 아니다. 이렇게 비경합성을 지니지만 배제성을 갖는 공공재를 '요금재'라고 부른다.

요금재는 그야말로 요금을 받을 수 있는 공공재다. 전기, 가스, 수도 역시 요금재다. 가정에서 전기를 사용하는 만큼 전기 요금을 부과할 수 있다. 부과되는 요금을 계속해서 내지 않는 가정에 대해서는 전기를 차단할 수 있다. 완전한 배제성이 충족된다. 그와 동시에 전기는 비경합성을 지닌다. 한 가정에서 전기를 사용한다고 해서 옆집의 전기 사용에 제약을 주지 않는다. 거꾸로 한 가정에서 전기를 사용하지 않는다고 해서 옆집이 전기를 풍부하게 사용할 수 있는 것도 아니다. 발전소에서 생산한 전기는 가정에서 얼마나 사용하는지에 상관없이 사라진다. 본질적으로 전기는 경합성이 거의 없는 재화다. 이렇게 전기는 비경합적이지만 완전한 배제성을 갖춘 요금재다. 가스와 수도도 마찬가지다.

사베스가 제시하는 가이드라인은 이러한 요금재에 대해 '민영화(privatization)'를 진행시키는 것이 바람직하다는 것이다. 민영화란 정부의 업무를 민간에 넘기는 것이다. 정부실패로 인해 비효율적이고 부패한 공기업에 대해 정부는 손을 떼라는 것이며, 공기업에 대해 가지고 있는 정부의 지분을 민간에 매각하라는 것이다. 이후 정부가 관할하던 요금재들이 민영화 대상으로 거론되어왔다. 우리나라에서 민영화된 가장 대표적인 공기업이 '한국통신(KT)', '한국전력'의 발전회사들이다.

공공재와 사유재 그리고 공유재와 요금재에 대한 분류를 사회의 네 영역에 겹쳐놓으면, 그 위치를 직관적으로 이해할 수 있다. 비배제성과 비경합성을 모두 지닌 공공재는 행정의 고유한 영역에 속한다. 비경합성을 지니지만 배제성을 갖춘 요금재는 행정 영역과 경제 영역의 경계선에 위치한다. 요금재는 언제든지 민영화 대상으로 논의될 수 있다. 경합성과 배제성을 모두 지닌 사유재는 민간 부문인 경제 영역에 속한다. 그리고 소비의 경합성을 지니면서 비배제성을 지닌 공유재는 행정과 집단의 경계에 위치한다.

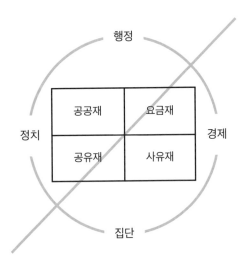

# 24강
# 정부실패: NPM, 작은 정부론, NG

　'정부실패'에 대한 논의는 민영화에 더하여 정부 개혁론
으로 확대되었다. '신공공관리론(New Public Management, NPM)'
운동이 그것이다. 경제 영역에 침범한 행정의 후퇴를 요구한
것이 민영화 요구였다면, 신공공관리론은 한술 더 떠서 행정
영역에 경제 논리를 도입해야 한다는 주장이었다. 경제의 경
쟁 메커니즘을 행정에도 도입해서 행정을 효율화해야 한다는
주장이다.

　1980년대 영국의 마거릿 대처 수상을 필두로 하여 정부
를 효율화하기 위한 정부 혁신 운동이 전 세계를 휩쓸었다. 공
무원이 주민에게 제공하는 행정서비스를 '돈'으로 환산하여
평가해야 한다는 주장도 있었으며, 기업이 고객을 대하는 것
처럼 공무원은 주민에게 친절하게 서비스를 제공해야 한다
는 주장도 있었다. 심지어 행정 서비스를 받는 주민을 '고객

(customer)'이라고 부르자는 주장이 이어졌고, 많은 공공기관에서 주민이나 시민을 '고객'으로 부르기에 이르렀다. 또한 시장에서 기업들이 경쟁하는 것처럼 정부에서도 공무원들이 서로 경쟁하도록 해야 한다는 주장이 제기되었다. 공무원의 업적을 평가하기 위한 세부적인 지표를 개발하고 공무원들을 서로 평가하도록 하는 등의 평가 제도를 도입한 것도 '신공공관리론'의 일환이었다.

행정을 경제처럼 변화시키려고 한 신공공관리론은 초기에는 신선하게 보였다. 절차에 집착하고 잘 움직이지 않는 정부를 혁신시키고 효율화할 수 있는 열쇠를 발견한 것처럼 보였다. 많은 행정학자들이 NPM을 도입하는 데 선봉에 서기도 했다. 하지만 NPM은 행정의 본질과 맞지 않는 운동이었다. 관료제를 인정하지 않으려고 했으며, 행정을 종교적인 '목민(administration)'이 아니라 하루하루 먹고사는 '관리(management)'의 관점에서 해석하려고 했다. 서서히 행정학자 일부에서 불만이 터져 나오기 시작했다. 성스러운 행정을 세속화시키고 오염시킨다는 비판이었다. 더욱이 행정 서비스를 받는 '주민'과 '시민'을 돈이 있어야 대우를 받는 '고객'으로 격하시켰다는 비판도 이어졌다.

NPM에서 주장하던 공무원들에 대한 평가는 또 다른 행정 업무를 안겨주었다. 전체 공무원에 대한 평가 작업은 엄청난 인력과 재원, 시간을 필요로 했다. 행정을 평가하는 또 다른 행정이 요구되었다. 그런데 이러한 평가 행정의 대부분은 별 의미가 없었으며, 평가 지표들이 현실적이지도 않았다. 시간이 흐름에 따라 '신공공관리론'이 구태의연하면서도 많은 비용을 요구하는 계륵이 되었다. 신공공관리론에 의해 도입된 제도들이 비효율과 낭비의 근원으로 인식되기 시작하면서 인기가 식기 시작했다.

신공공관리론과 함께 정부 혁신을 주도했던 개념으로 '작은 정부론'이 있다. 시장실패와 집단실패를 치료하는 주체 역할을 할 때 행정은 큰 정부를 지향했다. 국가나 사회의 거의 모든 부문에 행정이 개입했다. 하지만 '정부실패' 개념이 확산되면서 '큰 정부'는 '작은 정부'에 그 자리를 물려주었다. 정치인들은 너도 나도 작은 정부론을 주장했다.

특히 우리나라의 경우 박정희 대통령의 뒤를 이은 전두환 정부 때부터 본격적으로 작은 정부를 주장했다. 박정희 대통령은 정부 주도의 경제개발을 이끌었다. 이에 대한 대안으로 전두환 정부는 시장 자율을 주장했으며, 시장 자율에 걸맞은 작은 정부를 지향했다.

경제의 영역에서 작은 정부론은 NPM으로 대변되었으

며, 집단의 영역에서 작은 정부론은 '협치(new governance, NG)'
로 이어져왔다. 집단에 필요한 자원을 행정이 제공하되, 행정
과 집단 공동체의 협조를 통해 제공하는 방식이다. 작은 정부
를 지향하는 행정은 집단의 세세한 상황을 알지 못한다. 새로
운 사업을 추진하거나 예산을 배정할 때 집단의 공동체들과
함께 논의하고 협조함으로써 실패를 줄일 수 있다.

'협치(NG)'의 등장에는 두 가지 배경이 있다. 첫 번째 배
경은 앞서 이야기한 '공유의 자치'라는 이론적 가능성이다. '공

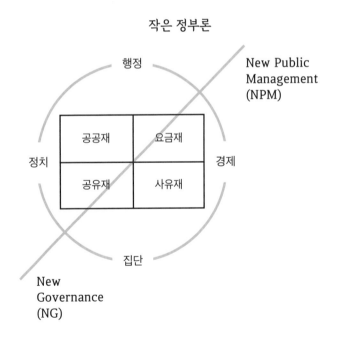

작은 정부론

유의 비극'이라는 이론은 집단 공동체를 통제 대상으로 보았지만, '공유의 자치'라는 이론은 집단 공동체를 신뢰할 만한 자율적 주체로 보았다. 두 번째 배경은 작은 정부론이라는 현실적 제약이다. 작은 정부론의 제약 속에서 집단에 대한 업무를 늘려야 하는 행정은 집단 공동체의 협조가 필요했다. 21세기에 들어 집단 공동체는 행정과 협조할 수 있는 주체로 새롭게 인식되고 있다. 집단 공동체는 행정의 통제 대상에서 행정과 협조하는 동반자로 변하고 있다.

# 25강
# 정치실패: 쿠데타와 촛불 시위

정치는 사회의 네 영역 중에서 가장 작은 규모이지만, 그 영향력은 대단히 크다. 더군다나 정치실패는 다른 영역에서 보완하기 쉽지 않다. 시장실패는 행정이 보완한다. 집단실패에 대해서도 행정이 나선다. 행정이 실패하면 경제가 대신하여 사업을 맡는다. 그런데 정치가 실패하면 어느 영역이 대신할 수 있는가?

그런데 정치실패란 무엇일까? 두 가지를 생각할 수 있다. 첫째는 민주주의 제도, 특히 선거제도가 제대로 작동하지 못하고 국민의 신뢰를 상실한 정치적 집권세력이 불안정한 상태에 빠지는 경우다. 국민이 의심하는 선거를 통해 집권한 세력은 하루아침에 무너질 수 있다. 집권세력 간의 극심한 내분으로 인해 통제 불능의 상태에 빠지는 경우도 있다. 극심한 정치적 혼란 시기에 군인들의 쿠데타가 발생할 수 있다. 우리나라의 경우 근자에 두 번의 쿠데타가 발생했다. 쿠데타를 통해 집권한 정치세력이 박정희 정부와 전두환 정부였다. 군인은 행정에 속한다. 쿠데타가 정치를 대신하는 것은 결국 행정이 정치를 대신하는 것이다. 행정이 정치를 대신할 때, 집권세력은 정치 과정을 중단시킨다. 결국 행정독재가 이어진다.

두 번째 정치실패는 정권교체의 희망이 상실되는 경우다. 집권층에 유리한 선거제도로 인해 정권교체의 희망이 상실된다. 정권교체가 없는 민주주의는 부패한 민주주의일 수밖에 없다. 정권교체를 하지 못하는 민주주의는 점점 더 왜곡된다. 집권세력은 정권을 잃지 않는다는 확신을 가지고 쉽게 부패한다. 정권교체의 희망을 상실한 정치세력은 집단적인 시위에 나선다. 이때 집단의 세계에 속하는 종교인과 시민운동가들이 시위에 참여한다. 결국 집단이 정치를 대신하는 셈이다.

우리나라의 경우 정권의 불안정으로 인한 정치실패는 1961년과 1979년 두 번의 군사쿠데타로 이어졌고, 군사쿠데타로 집권에 성공한 세력은 행정독재를 강행했다. 정치를 대신하는 행정독재는 정권교체를 불가능하게 했다. 행정독재는 많은 정치인들을 정치의 세계에서 축출했다. 정치의 세계에서 쫓겨난 정치인들과 지식인들은 재야인사로 불렸으며, 집단의 영역에 속하는 종교계 인사들과 학자들, 시민운동가들이 연계

하여 민주화 운동에 나섰다. 우리나라는 20세기 후반 들어 드디어 정권교체를 이루면서 50여 년에 걸친 정치실패를 마무리 지었다.

정치실패를 극복하는 과정에서 우리는 비폭력 시위의 문화를 축적했다. 21세기 들어 이는 촛불집회로 이어지기도 했다. 촛불집회는 정치적 시위라고 하기는 어렵다. 촛불집회는 사회적 약자의 목소리를 대변한다는 점에서 정치 영역보다는 집단 영역에 속한다. 촛불집회는 시민단체와 종교인들에 의해 주도되었다. 촛불집회에는 정치인들의 참여가 금기시되었다.

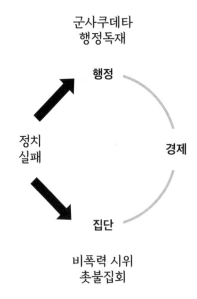

촛불집회가 정치집회로 변질될 것을 우려했기 때문이다. 이렇게 비폭력 시위는 집단 영역에서 강력한 의사표현 방식으로 정착되었다. 비폭력 시위는 집단적 문화로 이해되기도 한다.

20세기 후반 민주화 운동 시기의 평화 시위와 21세기 초반의 촛불집회는 공통분모를 지닌다. 바로 사회적 약자의 비폭력 시위라는 점이다. 왜 약자는 비폭력 시위를 하는가? 비폭력 시위가 약자가 살 수 있는 방식이기 때문이다. 강자는 폭력적인 시위를 해도 살아남을 수 있다. 하지만 약자가 폭력 시위를 하거나 방화하는 경우 사회의 지배층인 강자는 더욱 강한 폭력을 사용해서 약자를 제압한다. 강자의 폭력 앞에서 약자는 더 약해질 수밖에 없다.

비폭력 시위는 강자의 양심을 전제로 하는 시위다. 강자가 양심이 있다면 비폭력 시위를 하는 약자에게 폭력을 행사하지 않을 것이라는 기대다. 약자는 비폭력 시위를 함으로써 강자의 횡포를 고발하고 강자의 도덕적 기반을 무너뜨린다. 약자의 비폭력 시위를 강자가 폭력으로 해산하면 강자의 횡포와 잔인함이 더욱 선명하게 드러나고 강자의 도덕적 기반이 빠르게 무너진다. 약자의 비폭력 시위는 강자에게 딜레마를 안겨준다. 강자는 이럴 수도 저럴 수도 없다. 약자의 비폭력 시위를 좌시할 수도 없고 그렇다고 강제로 해산할 수도 없다.

딜레마에 빠져 허둥대는 사이에 강자의 도덕적 기반은 붕괴된다. 그와 동시에 약자의 도덕적 기반은 강화된다. 이제 약자에 대해 동감하고 약자를 지지하는 사람들이 늘어난다. 약자는 선순환을 타면서 세력을 확대한다. 이러한 선순환이 비폭력 시위인 촛불집회가 효능을 발휘하는 메커니즘이다.

비폭력 시위를 통해 약자의 세력이 강화된다. 하지만 비폭력 시위를 통해 얻을 수 있는 것은 거기까지다. 약자는 비폭력 시위를 통해 강자가 될 수 없다. 강자가 되는 순간 비폭력 시위는 허구로 변하기 때문이다. 비폭력 시위인 촛불집회가 효력을 발휘하는 것은 약자가 약자로 존재할 때까지다. 약자가 더 이상 약자가 아닐 때 촛불 시위는 힘을 발휘하지 못한다. 우리나라에서 촛불 시위가 힘을 발휘했던 때는 2004년도였다. 미군의 장갑차에 깔려 죽은 효순이와 미선이를 추모하는 촛불집회가 그 시작이었다. 하지만 이명박 정부 들어 이미 강력한 목소리를 지닌 시민단체들이 광우병 소고기 수입을 반대하는 촛불 시위에 참여했을 때 촛불 시위의 명분은 사그라들었다. 거기에는 강자의 횡포도 미약했고, 약자의 고통을 목격할 수도 없었다. 이후 한동안 우리나라에서 촛불 시위는 더 이상 힘을 발휘하지 못했다.

정치실패를 보완하고자 등장한 군사쿠데타와 비폭력 시

위는 어찌 보면 정반대의 세력이다. 군사쿠데타는 극단적인 폭력을 앞세워 정치실패를 보완하고자 하는데, 비폭력 시위는 비폭력의 평화적 방법에 호소한다. 군사쿠데타와 비폭력 시위는 공통점이 있다. 이들은 근본적으로 정치실패의 보완일 뿐 영구적인 대체가 아니라는 점이다. 계속해서 정치의 역할을 대신하려고 하면, 군사쿠데타는 행정독재로 이어지고, 비폭력 시위와 촛불집회는 집단독재로 타락한다. 자신의 한계를 인식하고 신속하게 물러나는 겸손과 지혜가 필요하다.

# 26강
# 실패의 지배

　'학습'은 '실패(failure)'를 통해 이루어진다. 기존의 지식을 전수받는 교육은 공부를 통해 이루어진다. 하지만 스스로 깨달아 터득하는 학습은 실패를 통해 이루어진다. 사회 전체가 깨닫는 학습은 가혹한 실패를 통해 이루어진다. "민주주의는 피를 먹고 자란다"는 말이 있다. 수많은 사람의 피를 흘리게 한 것은 기존 정치 제도의 실패다. 이 실패를 거울삼아서 더 이상 무고한 피를 흘리지 않기 위해 정치 제도를 발전시켜 민주주의 제도에 이르렀다. 하지만 여기가 끝은 아니다. 아직도 사회적 학습은 진행 중이다. 선거를 통한 민주주의에 결함이 있다 보니 '공론화위원회'가 설치되기도 했으며, '숙의 민주제(deliberative democracy)' 또는 '심의 민주주의(discursive democracy)' 같은 대안적인 제도들이 논의되기도 한다.

　한두 번의 실패가 곧장 학습으로 이어지는 것은 아니다.

수많은 실패를 거듭해야 비로소 하나의 깨달음을 얻을 수 있다. 간신히 얻은 깨달음이 사회적 학습으로 이어지지 못하는 경우가 더 많다. 소수의 깨달음이 사회 전체로 확산되어 사회 제도로 정립되기까지는 더 많은 실패가 반복된다. 그래서 사회적 학습의 역사는 실상 사회적 실패의 역사다.

실패를 통해 학습이 이루어진다는 생각은 '진화론(evolutionary theory)'에서 제기되었다. 실패를 통한 학습이 이루어지기 위해서는 가장 먼저 실패를 두려워하지 말아야 한다. 오히려 실패를 적극적으로 인정하는 태도가 필요하다. 이것이 '실패의 지배(rule of error)'다. 실패를 인정할 때 사람들은 실패를 숨기지 않는다. 실패의 경험을 공개하고 공유할 때 실패로부터 교훈을 얻어 학습이 이루어진다.

실패를 인정하지 않는 사회에서 사람들은 실패를 숨긴다. 우리나라의 정부 연구소에서 연구개발 실패율이 0%였던 적이 있다. 연구개발에 실패한 연구원들에게 책임을 물었기 때문이다. 수십억 원을 들여서 수행한 연구를 통해 아무런 성과를 내지 못했더라도 어느 정도의 성과를 달성한 것처럼 보고서를 꾸미고, 실패한 기록을 남기지 않는다. 후속 연구자들은 과거의 잘못된 연구를 반복한다. 이런 문화에서는 과거의 실패로부터 학습할 수 없다. 왜 정부 연구소가 훌륭한 성과를 거

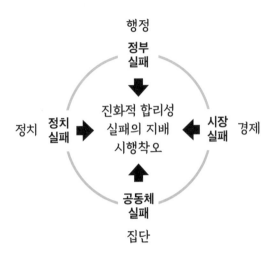

두지 못하는가? 연구자들이 무능력하기 때문이 아니다. 실패를 인정하지 않기 때문이며, 그 결과 학습이 이루어지지 못하기 때문이다. 연구자가 아니라 제도와 문화가 잘못되었기 때문이다.

사람의 본질적인 특성은 한계 지워져 있다는 것이다. 능력의 한계를 지닌 사람들이 새로 시도하는 일들은 대체로 실패로 이어지기 마련이다. 이를 '시행착오(trial and error)'라고 한다. "시행(trial)하면 실패(error)한다"는 뜻이다. 그런데 중요한 것은 그 실패를 통해 학습한다는 점이다. 이렇게 '실패의 지배'와 '시행착오'를 통해 이루어지는 학습을 '진화적 합리성

(evolutionary rationality)'이라고 한다.

사회의 네 영역은 끊임없이 실패한다. 시장은 실패하고, 공동체도 실패하고, 정치와 행정도 실패한다. 그러나 실패가 끝이 아니다. 실패를 인정하면서 한 영역의 실패를 다른 영역에서 보완한다. 이렇게 실패하고 보완하면서 사회 전체가 학습한다. 이러한 학습이 바로 실패의 역동성이다. 처음에는 어설프게 보이지만, 어느새 실패를 딛고 일어선다. 그런데 중요한 것은 사회의 한 영역이 독자적으로 실패를 수정하지 못한다는 것이다. 한 영역의 실패를 다른 영역이 보완한다. 실패를 딛고 일어서되, 서로가 서로를 안아서 일으켜주었다. 사회의 네 영역은 독자적인 길을 걸어오지 않았다. 사회의 네 영역은 한 길을 서로 부축하면서 걸어온 것이다. 이것이 실패의 다이내믹스를 통한 학습이다.

# 27강
# 점진주의와 혁명주의

실패를 통한 학습에서 중요한 것은 실패가 너무 크지 않아야 한다는 점이다. 감당할 수 없을 정도의 큰 실패는 학습으로 이어지기 어렵다. 감당할 수 없는 책임감이 두려워 숨는다. 지나치게 큰 실패는 거짓으로 포장되기 쉽다. 거짓을 통해서는 학습이 이루어질 수 없다. 거짓은 더 큰 거짓을 낳는다. 숨겨진 실패는 오히려 점점 더 커진다.

실패를 작은 규모로 유지하는 것이 학습에 유리하다. 자전거 타기를 배우는 사람은 누구든지 한두 번 넘어진다. 넘어지는 실패를 통해 자전거 타는 법을 학습한다. 그러나 자전거를 타다가 자동차에 부딪히는 큰 사고를 당하면 학습은 중단된다. 실패가 학습을 낳지만, 큰 실패는 학습을 중단시킨다.

이러한 지혜를 정책에 적용한 사람은 린드블럼(Charles E. Lindblom)이다. 1959년 그가 미국 행정학회지에 발표한 논문 제목은 「진흙탕 헤쳐나가기의 과학(the science of muddling through)」이었다. 참으로 신선하고 파격적이다. 그것도 지금으로부터 63년 전에 발표한 논문 제목인데, 현학적이지 않고 현실을 반영하는 시적인 표현이다.

린드블럼은 정책이 이루어지는 현장은 마치 진흙탕에서 밀고 당기는 것과 같다고 말한다. 진흙탕 싸움에서 개구리가 도약하듯 점프할 수는 없다. 오히려 한 발자국씩 움직이는 것이 현명하다. 이렇게 조금씩 움직이는 방식으로 정책을 변화시켜나가는 것을 '점진주의(incrementalism)'라고 한다. 이를 칼 포퍼는 '피스밀 엔지니어링(piecemeal engineering)'이라고 표현하기도 했다. 부분적으로 조금씩 개선하는 것이 현명하다는 뜻이다.

점진주의는 정책을 조금씩 변화시키는 것을 의미한다. 점진주의의 반대는 '혁명주의(revolutionism)'다. 혁명주의는 근원적이고 전면적인 정책 개혁을 주장한다. 과도한 흡연이 국민의 건강을 해치는 문제를 해결하기 위해 담배 판매를 전면적으로 금지한다면 혁명주의적 방식이다. 이에 비해 흡연을 억제하기 위해 담뱃값을 500원 인상한다면 점진주의적 방식이다.

린드블럼이 이 논문을 발표한 시기는 소련의 공산주의와 미국의 자본주의가 대결하던 냉전 시기였다. 린드블럼은 자신의 논문을 통해 공산주의가 선호하는 혁명적인 정책이 위험하다고 지적한 셈이다. 얼핏 보기에는 혁명적인 정책이 사회 문제를 뿌리부터 해결하는 근본적인 해결책으로 보인다. 그러한 해결책을 주장하는 정치인들이 소신을 가지고 헌신하는 애국자인 것처럼 보이기도 한다. 하지만 혁명주의는 진화적 학습을 불가능하게 한다.

혁명이 잘못되는 경우 엄청난 규모의 실패로 이어진다. 정권이 감당할 수 없는 큰 실패다. 결국 큰 실패는 숨겨질 수밖에 없다. 역설적으로 혁명은 거짓을 잉태한다. 혁명의 거짓 속에서 실패는 더 큰 실패를 부른다. 그렇게 공산주의 국가들은 실패했다. 1960년대만 하더라도 서구의 많은 지식인들은 공산주의 소련이 미국보다 훨씬 빠르게 발전할 것으로 믿었다. 하지만 그것은 거짓으로 포장된 성장이었다. 거짓이 지속될 수는 없다. 거짓은 어느 날 갑자기 망한다. 거짓은 학습하지 못하기 때문이다.

점진주의는 전체가 아닌 부분에 대해 서서히 정책을 도입한다. 예를 들어 지방의 한 도시에 국한해서 혁신 기업에 행정 규제를 면제하는 정책을 시행한다. 그렇게 부분적으로 시행하다가 문제가 발생하면 문제의 원인에 대해 논의하고, 행정 규제 면제의 범위를 조정한다. 이렇게 학습이 이루어진다. 점진

| 점진주의<br>(incrementalism) | 혁명주의<br>(revolutionism) |
|---|---|
| 부분적·점진적 정책 | 전체적·속도전 정책 |
| 절차와 합의 중시 | 결과와 이념 중시 |
| 지도자의 한계 인정 | 지도자의 합리성 전제 |
| 실패 가능성: 학습 필요성 인정 | 무오류성: 학습 필요성 부정 |
| 현실 인정 | 현실 부정 |

주의 방식은 일종의 실험이다. 처음부터 지도자의 완전성을 전제로 하지 않으며, 오히려 지도자의 한계를 인정한다. 점진주의 방식의 정책 집행에서는 문제가 발생하더라도 작은 문제이기 때문에 솔직하게 문제를 인정할 수 있다. '실패의 지배'가 작동하며, 학습이 이루어진다.

하지만 혁명주의 방식은 국가 전체에 대해 지체 없이 혁신 기업에 행정 규제를 면제하는 정책을 시행한다. 이러한 정책이 옳다고 믿는다. 이념적으로 훌륭한 정책을 제시한 지도자의 합리성을 신뢰한다. 지도자의 무오류성을 믿기 때문에 더 이상의 학습은 불필요한 것으로 여긴다. 지도자의 정책을 충실히 따르는 충성심이 요구될 뿐이다.

이러한 상황에서 정책실패의 전조가 나타나면, 행정 공무원들은 당황한다. 인정할 수 없는 실패가 발생하고, 또한 그 실패가 사회 전반에 걸쳐 발생한다. 이러한 상황에서 실패를 인정하는 것은 집권세력의 붕괴로 이어진다. 실패를 감출 것인지, 아니면 집권세력을 파멸시킬 것인지를 선택해야 한다. 대부분 거대한 정책실패는 숨겨진다. 그리고 이러한 실패를 발설하려는 지식인들을 감옥에 가두고 처형한다. 그들은 반혁명분자이기 때문이다. 이렇게 혁명주의 방식은 학습이 불가능하다. 그리고 숨겨진 실패는 더 큰 실패를 낳고, 결국 집권세력이 붕괴한다. 그런데 문제는 집권세력만 붕괴하는 것이 아니라는 점이다. 집권세력이 붕괴될 때쯤이면 이미 국가나 사회 전체에 실패가 가득 차게 된다. 집권세력과 혁명주의 노선과 함께 사회 전체가 붕괴한다.

# 5부
# 사회과학의 미래

사회과학은 시대에 따라 변화한다. 농경사회의 사회과학과 산업사회의 사회과학이 같을 수 없다. 지금의 사회과학은 산업사회를 배경으로 하여 성립했다. 이제 세계는 산업사회에서 정보사회로 넘어가고 있다. 정보사회가 보편화되면서 사회과학은 또 다른 모습으로 변화할 것이다. 여기에 그 모습을 짐작케 할 수 있는 생각의 단초들을 적어놓는다. 아울러 농업사회에 이어 산업사회에도 적용되었으며 미래의 정보사회에도 변화하지 않을 사회과학의 원리에 대해서도 적어놓는다.

# 28강
# 새로운 경제: 네트워크 효과

　1990년대 중반 일단의 경제학자들이 모여서 새로운 경제학을 제시했다. 이른바 '네트워크 경제학(network economics)'이었다. 이 경제학은 기존의 경제학과는 판이하게 달랐다. 이전의 경제학에서는 시장 메커니즘이 핵심이었는데, 네트워크 경제학에서 시장은 전혀 중요하지 않았다. 이들은 완전히 다른 메커니즘에 주목했다. 이들이 주목한 메커니즘은 '네트워크 외부성(network externality)'이었다. 이들은 네트워크 외부성을 가져오는 재화를 '네트워크 재화(network goods)'라고 부르곤 했다.

　네트워크 재화의 대표적인 예는 트위터, 페이스북, 카카오톡 같은 'SNS(Social Network Service)'다. 이러한 네트워크 재화가 성장하는 메커니즘은 전통적인 시장 메커니즘과는 완전히 다르다. '네트워크 재화'란 말 그대로 "네트워크가 중요한 가치를 지니는 재화"다. 카카오톡 서비스가 왜 매력적인가? 카카

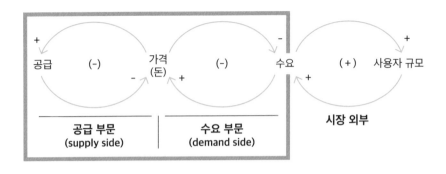

오톡에 많은 사용자가 가입해 있기 때문이다. 카카오톡에 가입하면 많은 사람과 메시지를 주고받을 수 있다. 이렇게 카카오톡의 매력(가치)은 '사용자 네트워크'에 있다. 카카오톡에 대한 수요를 결정하는 것은 '사용자의 규모'다. '사용자 규모'가 크면 '수요'가 증가한다. 그리고 '수요'가 증가해서 새로운 가입자가 늘어나면, 다시 '사용자 규모'가 증가한다. 이를 '네트워크 효과(network effects)'라고 부르기도 한다.

'네트워크 효과'에 관해 기억해야 할 세 가지가 있다. 첫째, 네트워크 효과는 '양의 피드백 루프'라는 것이다. 정상적인 시장 메커니즘은 수요 부문과 공급 부문 모두 음의 피드백 루프로 작동한다. 음의 피드백 루프의 특성은 균형을 유지한다는 점이다. 그런데 양의 피드백 루프는 균형에서 벗어나는 특성을 지닌다. 시간이 흐를수록 점점 더 커지거나 점점 더 작아진다. 양의 피드백 루프는 '선순환(virtuous circle)'을 가져오거나 '악순환(vicious circle)'을 가져온다. 네트워크 효과는 선순환을 가져올 수도 있고 악순환을 가져올 수도 있는 역동적인 메커니즘이다. 네트워크 효과는 균형을 유지하지 않는다. 시장 메커니즘과 달리 네트워크 효과는 역동적인 변화를 가져온다.

네트워크 재화의 성공과 실패는 '사용자 규모'에 달려 있다. '아래한글'과 삼성의 '훈민정음'이 문서작성 소프트웨어 시장을 놓고 경쟁한 적이 있다. 삼성의 훈민정음은 아래한글에 못지않은 기능을 제공했으며, 가격도 저렴했다. 그런데 이미 많은 사람이 아래한글을 사용하고 있었다. 아래한글의 사용자 규모가 사회 전 계층을 망라할 정도였다. 아래한글로 작성한 문서는 누구와도 공유할 수 있었고, 어디에 가서도 인쇄할 수 있었다. 아무리 가격이 저렴하고 성능이 우수하다고 하더라도 사용자 규모가 작은 훈민정음으로 이동하는 사람들은 없었다. 이렇게 사용자 규모가 탄탄한 아래한글은 '선순환'을 누렸지만, 사용자 규모가 빈약한 훈민정음은 '악순환'에 빠졌다.

네트워크 효과의 두 번째 특성은 '독점적'이라는 점이다. 네트워크 효과를 가지는 상품 시장에서 공급자는 대체로 독점적인 지위를 갖는다. 이는 첫 번째 특성과 관련되어 있다. 네트워크 효과로 인해 선순환을 누리는 공급자는 살아남고, 악순

환에 빠지는 공급자는 사라진다. 그런데 선순환을 타고 살아
남는 공급자는 하나 또는 둘 정도인 것이 보통이다. 정보사회
의 IT 시장에서는 독점 기업을 쉽게 찾아볼 수 있다. 윈도우를
공급하는 마이크로소프트, 유튜브를 제공하는 구글, SNS 시
장 분야의 트위터와 페이스북, 우리나라의 카카오톡, 네이버
등은 거의 독점적 지위를 누린다.

　산업사회 시장에서 독점은 드문 일이었다. 산업사회 시대
의 경제학 교과서에서는 독점을 시장실패로 다루곤 했다. 실
제로 자본주의 국가인 미국에서 독점 기업을 해체하기도 했
다. 1911년 미국 대법원은 세계 최대의 석유회사였던 록펠러
의 'Standard Oil'에 대해 해체를 판결했다. 또한 1982년 미국
정부는 세계 최대의 통신회사였던 AT&T 역시 독점이라는 이
유로 해체시켰다. 독점 기업은 시장에서의 경쟁을 저해하고
그 결과 소비자에게 해악을 끼친다는 것이다. 산업사회 시장
은 '경쟁'을 최대의 덕목으로 내세웠으며, '독점'은 시장실패를
가져오는 악이었다.

　하지만 정보사회 시장에서 독점은 더 이상 악이 아니다.
독점의 존재를 시장실패라고 하면, 정보사회 시장의 대부분이
이미 실패한 셈이다. 산업사회 시대의 경제학을 신봉하는 학
자들에게는 난감한 일이다. 몇몇 학자는 여전히 IT 분야의 공

룡기업들을 해체시켜야 할 악으로 비판한다. 시대가 급속히 바뀌고 있다는 점을 직시해야 한다. 사회과학자가 명심해야 할 원칙은 "이론과 현실이 다르다면, 이론이 틀렸다"는 점이다. 많은 지식인이 자신이 신봉하는 이론과 다르다고 해서 현실을 비판하곤 한다. 하지만 이론과 다르다는 이유로 현실을 비판할 수는 없다. 오히려 현실과 다른 이론이 비판받아야 한다. 현실을 설명하지 못하는 이론이 잘못된 것이다.

네트워크 효과에 대해 기억해야 할 세 번째 특징이 있다. 네트워크 효과는 '시장' 밖에 존재한다는 점이다. 카카오톡의 성장을 주도하는 것은 '사용자 규모'다. 사용자가 얼마나 많으냐 하는 것이 결정적인 메커니즘이다. 카카오톡 서비스의 '가격(price)'은 중요하지 않다. 네트워크 재화의 성장에 가격은 영향을 주지 못한다. 경제학자들은 시장밖에 존재하는 효과이기 때문에 '외부성(externality)'이라고 부른다. 그래서 네트워크 효과를 '네트워크 외부성(network externality)'이라고 부른다.

시장 밖에 존재하는 네트워크 외부성의 지배를 받는 네트워크 재화가 얼마나 많은가? 산업사회에서는 네트워크 재화가 많지 않았다. 전화 네트워크에 기반을 두는 통신회사가 대표적인 네트워크 재화 사업자였다. 그런데 정보사회의 거의 모든 재화와 서비스는 네트워크 재화로 분류된다. 핸드폰은 그 자체가 이미 네트워크 재화이며, 핸드폰에서 작동되는 거의 모든 애플리케이션이 네트워크 서비스다. 컴퓨터에서 사용되는 소프트웨어들도 네트워크 효과의 지배를 받는다.

점점 더 많은 재화와 서비스들이 시장의 지배에서 벗어나 네트워크 효과의 지배를 받는다. 과연 정보사회에서 시장의 기능이 존속할 것인가? 점점 더 많은 학자들이 제기하는 질문이다. 경제의 핵심에 시장이 자리하던 시대에는 시장 밖에 존재하는 효과를 '외부성'이라고 불렀다. 시장이 중심이었기 때문이다. 하지만 정보사회에서는 더 이상 시장이 중심이 아니다. 그래서 점점 더 많은 학자들이 '네트워크 외부성'이라는 단어 대신 단순히 '네트워크 효과'라는 단어를 선호한다. 더 이상 시장과 연결시켜서 생각할 필요가 없다는 것이다.

정보사회에서 기존의 경제학은 어떤 운명에 처할 것인가? 이제까지 경제학은 사회과학의 왕좌 자리를 차지하고 있었다. 노벨상의 영광을 경제학자들이 독점했다. 그런데 문제는 그 경제학이 시장 메커니즘 위에 구축되어 있다는 것이다. 시장의 지배력이 현저히 약화되는 정보사회에서 기존의 경제학은 종말을 고할 것인가? 이는 21세기 사회과학에서 가장 중요하고 큰 이슈다.

# 29강
# 정보사회: 집단의 부활

　　농업사회는 농토를 중심으로 형성되며, 산업사회는 공장을 중심으로 형성된다. 정보사회는 정보 네트워크를 중심으로 형성된다. 농토에서는 함께 농사짓는 가족이 중요했다. 가족과 마을, 혈연의 '집단' 영역이 농업사회에서 핵심적인 요소였다. 산업사회에서는 공장을 설립하는 자본가와 공장에서 일하는 노동자가 중요했다. 또한 공장에서 만든 상품을 판매하는 상인과 구매하는 소비자가 중요했다. 그래서 산업사회는 '경제' 영역을 중심으로 움직였다. 농업사회에서 산업사회로 이동하면서 사회의 중심축은 '집단'에서 '경제'로 이동했다.

　　산업사회에서 집단의 존재감은 미약했다. 정책학자들은 '철의 삼각(iron triangle)'이라는 개념을 제시했다. 세 분야의 유착이 강력하다는 의미다. 여기에서 세 분야는 정치와 행정, 경제다. 국회의 상임위원회에서 정치인과 행정인, 경제인이 만

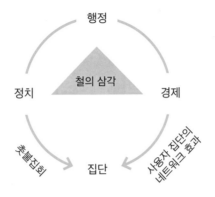

나서 서로를 도와주는 긴밀한 유착관계가 형성된다는 것이다. 행정인은 기업의 세금을 줄여주는 정책을 마련한다. 정치인은 그 정책을 법으로 통과시킨다. 기업인은 정치인에게 정치 자금을 후원하고, 행정인이 퇴직하면 고문으로 초빙하여 대우한다. 철의 삼각은 기업에 유리한 정책과 법안, 예산을 통과시킨다. 이러한 철의 삼각에서 집단은 배제되었다. 산업사회에서 집단은 변방으로 밀려났다.

이제 정보사회에서 시장 메커니즘은 산업사회에서와 같은 역할을 수행하지 못한다. 시장 밖에서 경제를 지배하는 네트워크 효과는 사실 사용자 집단에 의존하는 메커니즘이다. 정보사회에서 집단은 새로운 모습으로 재등장한다. 혈연, 지연, 학연의 구시대적인 '연'이 아니라 '사회 네트워크(social network)'

의 연이다. 정보 네트워크를 통해 생활의 모든 것을 공유하는 집단이다. 경제의 중심축이 시장에서 '집단'으로 이동하는 중이다.

21세기 한국 정치를 대표하는 키워드는 '촛불집회'다. 하지만 '촛불집회'는 정치 영역이 아니라 집단 영역에 속한다. 촛불집회가 처음 시작된 것도 인터넷 게시판이었다. 효순이와 미선이의 죽음을 슬퍼하고 위로하고 싶은 사람들에게 촛불을 들고 모이자는 한 시민의 인터넷 게시글이 트리거 역할을 수행했다.

촛불집회 역시 선순환을 타고 확대되곤 한다. 촛불집회에 참가하는 사람이 많아지니 촛불집회가 널리 알려지고, 촛불집회가 알려지면서 동참하는 사람이 많아지는 선순환이다. 이에 대해 나는 김헌식 박사와 함께 『촛불@광장 사회의 메커니즘』이라는 책을 쓰기도 했다. 이때 촛불집회는 정치의 중심을 정치에서 집단으로 이동시켰다.

2016년 12월의 촛불집회에 200만 명 이상의 시민이 참여했다. 촛불집회에는 다양한 시민단체가 참여했으며, 유모차를 끌고 나온 주부들도 있었고, 가족 단위로 참석한 사람들도 많았다. 결국 2017년 박근혜 대통령은 권좌에서 내려왔으며, 촛불집회가 결정적인 역할을 했다. 정보 네트워크로 연결된 집단이 얼마나 막강한 것인지 이때 증명되었다. 그런데 중요한 것은 이때 정치의 핵심이던 '정당(political party)'이 중심적인 역할을 하지 못했다는 점이다. 촛불집회에 정치인과 정당의 참여는 배제되었다. 촛불집회를 통해 드러난 여론에 따라 정치인들은 탄핵 절차를 밟을 수밖에 없었다. 현대 정치에서 정당의 역할은 대단히 중요하다. 헌법에 큰 비중으로 규정될 만큼 정당은 우리나라 정치에서 중요한 위치를 차지하고 있다. 그런데 그러한 정당보다 더 큰 역할을 수행한 것이 바로 촛불집회다. 정치의 중심축이 정당 '정치'에서 '집단'으로 이동하고 있다.

정보사회에서 집단은 더 이상 산업사회의 집단이 아니다. 산업사회의 집단이 사회 곳곳에 흩어져 있었다면, 정보사회의 집단은 정보 네트워크를 통해 긴밀하게 연결되어 있다. 실시간으로 의견을 공유하고 감정을 공유한다. TV 못지않은 광고 효과로 인해 정보사회 집단인 SNS에 자본이 몰려든다. 정보사회 집단은 긴밀하게 연결되어 있으며 풍부한 자본을 지닌다.

농업사회의 중심 영역은 농사를 짓는 가족과 마을 공동체 즉, 집단이었다. 산업사회의 중심은 제품을 만들고 판매하는 기업과 시장 즉, 경제였다. 이제 정보사회에서 중심축은 정보 네트워크로 연결된 집단으로 이동하고 있다.

# 30강
# 행정과 집단의 만남

행정과 집단의 관계는 오래되었다. 애초에 행정과 집단은 같은 것이었는지도 모른다. 태초에 에덴동산에서 아담과 이브의 가정이 곧 국가였다. 한자로 '국가(國家)'는 '나라'와 '집'이 합쳐진 말이다. 정보사회에서 집단은 더욱 다양한 모습으로 등장할 것이다.

현장에서 행정은 집단과 마주한다. 행정은 새로운 도로를 내기 위해 공청회를 열어서 마을 주민들의 의견을 듣는다. 2년이 넘는 기간 동안 질병관리청 공무원들과 국무총리는 국민에게 코로나19 방역정책을 설명하기 위해 브리핑했다. 하지만 여전히 행정과 주민의 만남은 어색하다. 행정은 주민의 의견을 모두 받을 수 없으며, 주민은 행정의 대응에 만족할 수 없다. 이를 행정도 주민도 잘 알고 있다. 그렇기 때문에 행정과 주민의 만남은 언제나 긴장된다.

2008년 5월 3일 토요일 오후 윤견수 교수와 함께 불암산 기슭에 있는 정성호 교수님 별장에 놀러 간 적이 있다. 조용한 숲의 아름다움에 취해 있을 때, 문득 정성호 교수가 나에게 요즘 무슨 생각을 하느냐고 물어보았다. 이때의 대화를 여기에 옮긴다.

김동환: 이제는 우리가 행정의 본질을 이야기해야 할 때라고 생각합니다. 형식적인 교과서나 현학적인 학문에 얽매이지 말고요. 저는 행정의 본질을 '기다림'이라고 생각합니다. 이건 아주 오래된 제 생각입니다. 기다림은 공적(public) 세계에서 널리 사용되는 방법입니다.

정성호: 저는 행정의 본질을 '만남'이라고 생각합니다. 그냥 만남이 아니라 따스한 만남이에요. 『논어』와 『맹자』에서 말하는 '인(仁)' 개념의 본질은 만남이라고 생각합니다. 행정에서도 상급자와 하급자의 따스한 만남, 공무원과 시민의 따스한 만남이 필요하다고 생각합니다.

윤견수: 제가 생각하는 것은 '비움'입니다. 요즈음 공공장소에 가보면, 채우지 못해 안달이 나 있는 것 같아요. 그냥 비워두지 못하고 채워서 개발하려고 해요. 공공장소를 비워두는 것이 중요하다고 생각합니다. 후손들에게 선택의 폭을 넓혀줄 수도 있고요.

이러한 대화를 나눈 이후 우리 세 사람은 '비움-기다림-만남'이 행정에서 어떠한 역할을 하는지에 관해 계속해서 논의했다. 강원도 삼척에서 열린 행정학회에 참석하여 논문을 발표하기도 했다. 몇몇 행정학자는 흥미를 보여주었지만, 대부분의 행정학자들은 학문적이지 않은 논의라고 생각하여 무시하는 것 같았다.

사실상 우리나라의 행정학은 미국의 행정학을 수입한 것이다. 미국의 행정학에서 '비움-기다림-만남'이라는 용어는 존재하지 않았다. 좀 더 근원적으로 영어 단어에 우리가 말하는 '비움-기다림-만남'에 해당하는 단어가 없었다. '비움'에 해당하는 영어가 없었고, 기다림은 단순한 'waiting'이 아니었으며, 영어의 'meeting'은 우리가 말하는 따스한 만남이 아니었다. 미국의 행정학을 추종하는 학자들에게 우리가 말하는 '비움-기다림-만남'은 전혀 학문적이지 않은 용어였다.

하지만 '비움', '기다림', '만남'을 인터넷에서 검색해보면 방대한 자료가 튀어나온다. '비움-기다림-만남'이 우리의 문화 속에 깊이 자리 잡고 있다는 사실을 확인할 수 있다. 이러한 개념을 행정학, 더 나아가 사회과학에서 다루지 않고 있는 것은 학자들이 서구 학문을 추종하기 때문이다. 우리 사회는 '비움-기다림-만남'으로 가득한데, 서구사회 학문에 길들여진 학자들의 눈에 보이지 않을 뿐이다.

우리나라의 정치인들 역시 '비움-기다림-만남'을 알지 못한다. 이명박 정부는 '비움-기다림-만남'과 정반대의 방향으로 질주했다. 이명박 정부는 나라 곳곳을 채우려고만 했다. 광화문광장에도 이순신 장군 동상만으로 부족해서 세종대왕 동상을 채워 넣었고, 4대강을 개발하여 체육시설을 채워 넣었다. 이명박 정부는 기다림을 싫어했다. 기다림이 아니라 '속도전'을 주문했다. 과거의 북한에서나 있을법한 일들을 21세기 이명박 정부에서 자행했다. 심지어 과학기술자들마저 연구개발 기간을 단축하는 속도전을 수행하고 자랑스럽게 홍보했다. 4대강 개발 역시 시간을 들여서 조심스럽게 수행하기보다 속도전으로 해치웠다. 그리고 이명박 정부는 촛불집회를 하는 시민들과의 만남을 배제했다. 심지어 육중한 컨테이너 박스를 광화문 도로에 용접해서 촛불 시위대가 청와대 근처에 진입하지 못하게 막았다. 이를 언론에서는 '명박산성'이라고 불렀다. 이렇게 이명박 정부는 '비움-기다림-만남'과 정반대의 '채움-속도전-차단'을 지향했다. '비움-기다림-만남'의 개념을 알지 못했던 이명박 정부는 자신들의 방향이 잘못되었다는 사실을 알 수 없었다.

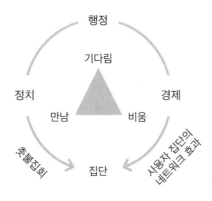

정보사회 시대에 행정이 집단과 만나야 한다면, '비움-기다림-만남'의 가치를 지향해야 할 것이다. 이것이 정보사회에서 기존의 철의 삼각을 대체하는 가이드라인이다. 여기에는 복잡한 이론이 필요하지도 않다. 그저 비워야 하고, 기다려야 하고, 결국 우리가 만나야 한다는 것을 말하는 것만으로 충분하다. 우리의 문화 속에서 행정이 집단을 마주하는 가이드라인은 '비움-기다림-만남'이다. 행정도 스스로 비우고 기다려야 하며, 집단도 스스로 비우고 기다려야 한다. 그렇게 할 때 행정과 집단의 따스한 만남이 이루어진다.

# 31강
# 오래된 동양 사상

'비움-기다림-만남'에 관한 이야기를 나눈 이후, 이 개념들이 어디에서 왔는지를 생각해보았다. '비움'을 강조한 윤견수 교수가 불교와 노장 사상을 좋아했기 때문에 '비움'의 기원을 쉽게 찾을 수 있었다. 또한 '만남'을 강조한 정성호 교수가 유교의 '인(仁)'이라는 단어가 두 사람의 만남을 의미하는 것이라고 말씀해주셨기에 유교의 인과 예에서 만남이 기원했으리라는 점을 짐작할 수 있었다.

그런데 문제는 내가 중요하다고 말한 '기다림'이었다. 기다림이라는 개념은 어디에서 왔을까? 나는 왜 기다림을 말했을까? 물론 행정의 본질이 '줄서기'라는 생각에서 기다림을 말했을 것이다. 행정의 객관이 줄서기라면, 줄서는 사람의 주관이 기다림이기 때문이다. 하지만 '기다림'이라는 개념은 줄서기보다 더 깊은 기원이 있으리라고 생각했다. 그리고 동양철학 서적에서 그 답을 찾을 수 있었다.

성리학을 집대성한 주자가 주역사상을 한마디로 요약했다. '대대(待對)'라는 개념이었다. 그것을 동양철학자들은 '대대의 원리'라고 부르곤 했는데, 동양철학자들은 주로 뒤의 '대(對)'라는 글자에 주목해서 상대방과의 조화를 강조한 평화 공존의 사상으로 해석했다. 하지만 내 눈에 들어온 것은 앞의 '대(待)'라는 글자였다. 그 글자는 '기다림'을 의미하는 단어였다. 결국 주자가 말한 '대대(待對)'는 '상대를 기다림'이라는 의미였다. 남자는 여자를 기다리고, 여자는 남자를 기다린다. 아군은 적군을 기다리고, 적군은 아군을 기다린다. 이것이 바로 세상의 변화를 이해하는 주역 사상의 핵심이라는 것이다. 다시 말해 주역 사상의 핵심은 '기다림'이라는 말이다.

이렇게 해서 나는 '비움-기다림-만남'이 모두 동양 사상에 뿌리를 둔 개념이라는 점을 알 수 있었다. 그리고 이러한 동양 사상은 동양의 전통적 세계관인 '삼간-삼재-삼연' 사상과도 연결됨을 확인할 수 있었다.

상대방을 '기다리는' 주역은 '시간(時間)' 차원을 강조하고 있으며, 상대방이 언제 나타날 것인지를 예측하고자 한다. 그래서 주역은 미래를 예측하는 '점'의 방법을 발전시켰다. '비움'을 강조하는 노장 사상은 아무것도 하지 않는 '무위(無爲)'라

| | 동양 사상 | 핵심 개념 | 실천 도구 | 三間 | 三才 | 三然 |
|---|---|---|---|---|---|---|
| 기다림 | 주역 | 대대(待對) | 점 | 時間 | 天 | 必然 |
| 비움 | 노자, 장자 | 무위(無爲) | 풍수지리 | 空間 | 地 | 自然 |
| 만남 | 유교 | 인예(仁禮) | 삼강오륜 | 人間 | 人 | 偶然 |

는 개념을 강조하고 있으며, 아무것도 하지 않고 편안하게 있는 곳을 발견하기 위해 '풍수지리' 방법을 발전시켰다. 사람과 사람의 '만남', 그리고 만남에서 지켜야 할 예절을 강조하는 유교는 '삼강오륜'의 질서를 제시했다.

이러한 세 가지 동양 사상의 관심은 동양의 세계관이라고 하는 '삼간-삼재-삼연' 사상과도 대응한다. '삼간(三間)' 사상은 이 세상에서 가장 중요한 것은 '사이[間, between]'라는 생각이다. 이때 '사이[間]'는 좀 더 쉬운 말로 하면 '관계(relation)'라고 할 수 있다. 삼간 사상에서는 세 가지 관계가 중요하다고 말한다. 첫째는 과거 · 현재 · 미래의 '사이'인 '시간(時間)'이다. 이러한 시간 차원을 중요하게 생각해서 미래를 예측하려고 하는 사상이 주역이다.

두 번째로 한 지점과 다른 지점과의 '사이'가 중요한데, 이를 '공간(空間)'이라고 한다. 한 지점과 다른 지점 사이는 비어 있기 때문에 '빌 공(空)'이라는 글자를 사용했다. 집에서 벽과 벽 사이의 빈 공간이 중요하다. 우리가 사는 곳이 결국은 이렇게 빈 공간이다. 이러한 공간에서 아무것도 하지 않고 쉬는 것을 강조한 노장 사상은 결국 비움을 강조한다.

세 번째로 중요한 '사이'가 바로 사람과 사람 사이의 관계다. 이것을 '인간(人間)'이라고 부른다. 원래 인간이라는 단어는 '사람과 사람 사이의 관계'를 의미한다. 유교는 사람과 사람 사이의 관계를 규정하여 질서를 세우려고 한다. 남자와 여자의 관계, 임금과 신하의 관계, 노인과 청년의 관계 등이다. 흥미로운 점은 유교는 공간에 관심을 보이지 않고, 노장 사상은 인간에게 관심을 보이지 않는다는 것이다. 그리고 시간에 대해서는 주역만이 관심을 보인다.

삼간 사상과 일맥상통하는 사상이 삼재(三才) 사상이다. 삼간 사상이 관계를 강조한다면, 삼재 사상은 요소를 강조한다. '천(天)'은 하늘을 말하며, 시간의 흐름을 주관한다. '지(地)'는 땅을 말하며, 공간에 대응한다. 그리고 '인(人)'은 사람 개인을 말하며, 인간의 구성요소다. 삼간 사상은 중국에서 발전시킨 듯하고, 삼재 사상은 한국에서 발전시킨 듯하다. 한국의 오래된 경전이라고 주장하는 『천부경』에도 천지인 사상이 강조되고 있으며, 세종대왕이 만든 한글의 원리도 천지인을 따르기 때문이다.

세 번째 동양의 세계관은 '삼연(三然)'이다. 이는 '연(然)'으로 끝나는 세 단어다. '연'이란 세상 일이 전개되는 모양을 의미한다. 영어의 'evolution(전개)' 또는 'behavior(행태)'가 비슷한 단어일 것이다. 삼연은 "세상 일이 전개되는 모양이 세 가지"라는 뜻이다. '필연'적으로 전개되는 것이 있는가 하면, 우연히 벌어지는 일도 있고, 자연스럽게 진행되는 일도 있다는 것이다. 우선 시간의 흐름은 필연적으로 전개된다. 미래의 시간은 오지 말라고 해도 필연적으로 온다. 그리고 필연적으로 오는 상대방이기 때문에 기다릴 수 있다. 상대방이 반드시 오리라는 믿음을 가질 때 기다림을 포기하지 않는다. 필연적으로 전개되는 시간이기 때문에 예측할 수 있다. 사람들은 내일이 반드시 올 것을 예측하고 오늘 편안하게 잠자리에 든다.

땅의 공간은 '자연'스럽게 변화한다. 산속의 숲은 스스로 나무를 키운다. 사람이 굳이 산에 가서 나무를 심지 않아도 숲이 스스로 씨앗을 뿌리고 풀과 나무를 자라게 한다. 그것이 '자연'이다. 사람이 억지로 채워 넣지 않아도 빈 공간은 스스로 자연스럽게 채운다. 사람이 할 일은 채움이 아니라 비움이다.

그런데 사람과 사람의 관계는 '우연'에 의한다. 이것이 동양 사상의 홍미로운 점이다. 사람과 사람 간에는 우연히 벌어지는 사고가 많다. 남녀 간의 만남이 우연히 이루어져 연애도 하고 결혼도 한다. 신하와 군주가 우연히 부딪혀 싸우다 보면 군주의 권위가 상실된다. 이렇게 사람과 사람의 관계에서 우연한 사고가 질서를 파괴한다. 결국 유교는 사람과 사람 사이의 우연한 사고를 방지하고자 한다. 그것이 바로 삼강오륜이다. 남자와 여자는 될 수 있는 한 만나지 말라고 한다. 그래야 우연한 사고를 방지할 수 있다. 만나지 않을 수 없는 신하와 군주에 대해서는 군주가 근본이라는 점을 강조해서 질서를 부여한다.

유교가 이렇게 우연에 집착하는 이유가 무엇인지 궁금했다. 그때 우연히 들은 이야기가 있었다. 유교를 만든 공자의 출생에 관한 이야기였다. 공자의 어머니가 들에서 한 남자와 만나 정을 통했기 때문에 공자가 태어났다는 말이다. 이를 가리키는 말이 '야합(野合)'이다. 이후 공자는 평생 인간의 만남에서 어떻게 우연한 사고를 억제할 것인가를 생각했다는 이야기를 그야말로 우연히 들었다.

삼간 사상은 관계를 중시하는 중국인이 발전시킨 개념이고, 삼재 사상은 요소를 중시하는 한국인이 발전시킨 개념이라고 한다면, 삼연 사상은 누가 발전시켰을까? 혹시 일본인이 발전시킨 개념이 아닐까 하는 생각이 들곤 했다. 겉으로 드러나는 간결한 아름다움을 추구하는 일본인의 특성과 부합하기 때문이다. 하지만 나는 아직 이런 생각의 근거를 발견하지 못했다. 이는 독자의 몫으로 남긴다. 아울러 이러한 근원적인 사상에 근거하여 세 나라를 비교하는 논문과 책을 서술하는 일도 독자의 몫으로 남긴다.

'비움-기다림-만남'이라는 행정의 본질을 생각하면서 동양의 핵심 사상이 서로 긴밀하고도 체계적으로 연결되어 있음을 이해할 수 있었다. 유교는 사람을 대상으로 하는 사상이었으며, 노장은 자연을 대상으로 하는 사상이었고, 주역은 현재와 미래를 연결하는 시간에 대한 사상이었다. 유교는 사람과 사람의 관계를 중심으로 하는 사상이었으며, 따라서 사회의 집단 영역에 적용되었다. 또한 유교는 행정의 상급자와 하급자의 관계를 강조하기도 했다. 유교 사상이 지배하는 집단과 행정은 사람과 사람의 관계가 중요한 영역이었다.

주역은 상대를 기다리는 사상이었다. 상대방이란 경쟁 상대를 의미한다. 경쟁에 초점을 두는 영역은 정치와 경제다. 주역이 초점을 둔 경쟁은 정치적 경쟁이었다. 주역은 단순히 경쟁 관계에만 초점을 둔 것이 아니었다. 경쟁 관계로 인해 전개되는 미래의 상황을 예측하고자 했다. 유교가 정학의 질서를 강조했다면, 주역은 동학의 변화를 강조했다. 유교는 정적인

질서를 구축하고자 했으며, 주역은 동적인 변화를 예측하고자
했다.

노장 사상은 현실사회의 한계를 지적하면서 이를 초월하
고자 했다. 유교는 사회 질서에 순응하는 행위를 강조했으며,
주역은 사회 변화를 예측하고 준비하는 행위를 강조했다. 노
장 사상은 이러한 행위를 초월하여 아무런 일도 행하지 않는
'무위(無爲)'를 추구했다. 현실의 복잡한 사회를 초월하는 노장
사상은 사람의 때가 묻지 않은 자연으로 향했다. 현대의 사회
과학에는 노장 같은 초월 영역은 존재하지 않는다.

과연 정보사회에서 초월 영역이 제5의 영역으로 등장할
것인가? 미래학에서 사회를 이해하는 프레임으로 'STEP'을
말하곤 한다. S는 'Society'를 의미하는 것으로 이 책에서 말하
는 '집단'에 해당한다. T는 'Technology'로 과학기술을 의미
하기에 사회과학 영역에는 포함되지 않는다. E는 'Economy'
로 '경제'에 해당한다. 그리고 P는 'Politics'로서 '정치'와 '행정'
을 포함한다. 최근 미래학자들은 이 프레임을 'STEEPS'로 확
장했다. E가 하나 더 붙었는데, 'Environment'로 '환경'을 의
미한다. 이는 지구 전체의 기후변화와 인류문명의 상호작용에
초점을 두는 것으로 사회의 경계를 넘어선다. S는 'Spirit'으로
'영성' 또는 '종교'를 의미한다. 인류의 미래에 종교가 점점 더

중요한 역할을 한다는 것이다. 21세기에 발생하는 국제적 분쟁에서 종교가 가장 큰 비중을 차지하고 있으며, 그 해결책 역시 종교에서 찾을 수밖에 없다. 어쩌면 '환경'과 '종교'가 집단 영역에서 독립하여 '초월' 영역을 형성할 수도 있다. 점점 더 많은 에너지와 역동성이 집단 영역에 집중되고 있다. 미래의 집단 영역에서 어떤 변화가 분출할 것인지 사회과학자에게는 흥미로운 일이다.

# 32강
# 정보사회의 지식인: 시각적 사고

　　농업사회에서 산업사회 그리고 정보사회로 급속히 전환
되어가면서 지식인에 대한 이미지가 변화했다. 농업사회에서
는 글 읽는 선비가 지식인이었으며, 산업사회에서는 기계를
만지고 수리하는 기술자와 과학자가 지식인이었다. 이제 정보
사회에 들어서면서 지식인은 완전히 새로운 모습으로 나타나
고 있다.

　　흥미로운 점은 산업사회에 들어와서도 지식인의 이미지
가 크게 변하지는 않았다는 점이다. 산업사회에서도 여전히
글을 읽고 쓰는 사람이 지식인으로 대우받았다. 농업사회에서
'중인'이라든지 '기술쟁이'라고 불리면서 지식인으로 대우받
지 못했던 기술자와 과학자들이 지식인의 대열에 포함되었을
뿐이다. 여전히 지식인의 핵심은 글을 잘 읽고 잘 쓰는 사람이
었다. 이른바 '언어적 사고(verbal thinking)'에 뛰어난 사람이 지

식인이었다.

　하지만 정보사회에 들어서면서 지식인의 이미지가 급격히 변화되고 있다. 정보사회에 들어서면서 비로소 지식을 처리하는 방법이 근본적으로 바뀌었기 때문이다. 결론부터 말하면, 정보사회의 지식인은 더 이상 '언어적 사고'를 잘하는 사람이 아니다. 정보사회의 지식인은 '시각적 사고'를 잘하는 사람이다. 이러한 변화는 지식인에게 혁명과도 같다. 수천 년 동안 지식인을 규정해온 '말 잘하는 사람'이라는 이미지가 깨지고 있다. 이제 지식인은 '그림을 잘 그리는' 사람이다. 이때 그림이란 미술이 아니라 도식을 의미한다. 생각을 한 장의 그림으로 도식화하는 능력을 의미한다.

　이러한 변화는 1990년대에 들어와 본격적으로 진행되었다. 자신의 생각을 발표하는 지식인들은 더 이상 '연설'하거나 '웅변'하지 않았다. 지식인들은 너도 나도 그림을 그려서 발표하기 시작했다. 영어로는 이를 'presentation'이라고 한다. 이를 가능하게 한 것은 '파워포인트(Powerpoint)'라는 소프트웨어의 등장이었다. 파워포인트가 등장하기 전에 지식인들은 자신이 쓴 글을 읽었다. 글을 읽는 것이 발표하는 방식이었다. 파워포인트의 등장으로 지식인들의 풍경이 완전히 바뀌었다. 이제 글을 읽는 방식은 통하지 않는다. 백 마디 말을 하는 것보다 그림 한 장을 보여주는 것이 효과적이다. 이렇게 지식인들의 발표 방식이 급격히 전환되면서 지식인들은 '언어적 사고(verbal thinking)'의 한계를 절감했다. 그리고 언어적 사고를 대체하는 '시각적 사고(visual thinking)'가 확산하기 시작했다.

언어적 사고는 글자를 가지고 생각하는 방식이다. 글자를 읽고 귀로 듣는 방식이다. 이에 비해 시각적 사고는 그림을 매체로 사고하는 방식이다. 눈으로 그림을 보고 이해하고 판단한다. 사람의 눈은 우수한 능력을 지녔다. 사람의 귀는 한 번에 하나만 들을 수 있는 '순차적 처리'를 수행하지만, 사람의 눈은 한 번에 수백 개의 사물을 인식하는 '병렬적 처리'에 익숙하다. 그만큼 눈을 통한 사고는 많은 정보를 빠르게 처리한다.

인류 문명의 초기에 정보를 기록하는 수단은 제한적이었다. 동굴에 그림을 그려서 정보를 전달했다. 먹어도 되는 식물과 사냥하는 방법을 동굴 벽에 그림으로 기록했다. 글자의 탄생은 문명의 대전환을 가져왔다. 글자를 통해 인류는 자신의 경험과 지식을 정확하게 기록하고 전달할 수 있었고, 왕의 명령을 정확하게 전달할 수 있었다. 학습의 가장 중요한 도구가 글자였다. 글자를 아는 사람이 지식을 기록하고 학습할 수 있었다. 지식인은 언어로 사고하고, 그 언어를 글자로 기록했다. '문명(文明)'이라는 한자는 글이 밝다는 뜻이다. 글자 문명이 인

| 언어적 사고<br>(verbal thinking) | 시각적 사고<br>(visual thinking) |
| --- | --- |
| 언어 | 그림 |
| 귀 | 눈 |
| 순차적 사고(serial thinking) | 병렬적 사고(parallel thinking) |
| 수직적 사고 | 수평적 사고 |
| 전통적 지식인 | 새로운 지식인 |
| 연설 | 프레젠테이션(presentation) |
| 유교 | 불교 |

류를 지배했다.

정보사회에 들어서면서 '글자 문명'이 흔들리고 있다. 이제 더 이상 사람들의 정보 전달이 '글자의 틀'에 갇힐 필요가 없다. 사진을 찍어서 보내면 그만이다. 사진으로 부족하면 동영상을 보낼 수도 있다. 그림에는 풍부한 정보가 포함되어 있으며, 사람들은 그 풍부한 정보를 즉시 알아챈다. 눈으로 안다. 그것을 글자로 풀어서 긴 문장으로 기록하고 전달하고 읽고 해석하는 일은 많은 시간과 비용을 요구한다. 글자와 언어를 통한 사고는 이제 피곤한 일이 되었다. 이제 언어적 사고는 원

시적인 방식이다.

글자는 수직적 사고를 강요하지만, 그림은 수평적 사고를 허용한다. 직위가 높은 사람이 낮은 사람에게 명령을 전달하는 수단이 언어와 글이다. 말하는 사람은 명령하고 듣는 사람은 복종한다. 수직적 관계다. 언어적 사고에서 다양한 해석은 금지된다. 언어적 사고의 지식인은 수직적이고 순종하는 지식인이다. 하지만 그림은 함께 본다. 그림을 감상하는 사람들은 같은 위치에 선다. 그림을 둘러싸고 감상하는 사람들은 평등하다. 그림에 담긴 다양한 정보를 자유롭게 바라보면서 각자의 의견을 제시한다. 시각적 사고는 다양성을 허용한다. 시각적 사고의 지식인은 수평적이고 자유로운 지식인이다.

언어적 사고의 지식인은 생각을 전달하기 위해 '연설 (speech)'을 한다. 요즘 세상에 연설하는 사람은 대통령과 회장님 말고는 없다. 연설은 직위가 높은 사람이 낮은 사람을 가르치고 훈계하는 것이다. 정보사회에서 연설은 급속히 사라지고 있다. 수평적인 다양성의 사회에서 연설은 구시대의 유물이다. 연설과 웅변은 시대에 맞지 않는 지식 전달 방식이다. 정보사회에서 생각을 전달하는 방법은 그림을 보여주는 프레젠테이션이다. 프레젠테이션에 대해서는 사람들이 거부감을 보이지 않는다. 상대방의 프레젠테이션이 나의 자유로운 사고를 억압하지 않는다. 프레젠테이션은 수평적인 관계에서 함께 자유롭게 사고하는 방식이다.

동양사회에서 발전한 유교는 글자를 선호했다. 유교 지식인은 '언어적 사고'를 강조했다. 동양의 선비들은 그림을 그리더라도 풍경이 아니라 글자를 그리려고 했다. 이를 '서예'라고 한다. 유교 지식인은 수직적인 질서를 존중했다. 글자 문화는 수직적인 질서를 확산하는 데 효과적이었다. 이에 비해 불교는 글자를 배격했다. 글자의 노예가 되어서는 진정한 깨달음에 도달할 수 없다고 생각했기 때문이다. 그래서 불교에서는 '불립문자(不立文字)'라는 말까지 하면서 글자를 배격했다. 불교에서는 글자보다 차라리 그림으로 소통하고자 했다. 수직적 질서의 틀을 깨고 자유로운 깨달음에 도달하기 위해 가장 먼저 버려야 할 것이 언어의 속박이었다.

정보사회의 데이터 기술은 방대한 정보를 실시간으로 처리하여 그림으로 보여준다. 이제 시장 메커니즘을 통해 자동으로 이루어지는 자원할당은 더 이상 '보이지 않는 손(invisible hands)'이 아니다. 모두 실시간으로 확인할 수 있다. 행정 메커니즘에 의한 자원할당 역시 비밀스럽게 감추어지지 않는다. 대한민국의 자원이 어느 기관에 어떻게 할당되는지 누구나 모니터링할 수 있다. 정보사회의 자원할당은 투명하게 진행된다. 읽기 어려운 숫자와 글자로 제공되는 것이 아니라 모두가 한눈에 이해할 수 있는 그림으로 제시된다. 빅데이터와 인공지능 기술의 가장 큰 기여는 모든 사람이 쉽게 이해할 수 있는 시각적 정보를 제공한다는 점이다.

정치와 집단의 갈등 역시 정보사회에서 실시간으로 공개된다. 대한민국의 어느 지역 어느 사회 집단에서 갈등 수준이 높아지고 있는지 실시간으로 공개된다. 심지어 부부 싸움도 인터넷에 생중계되곤 한다. 산업사회에서 정치는 은밀한 뒷거래를 통해 이루어졌다. 정치와 행정, 기업의 유착을 의미하는 '철의 삼각(iron triangle)'이 등장할 정도였다. 정보사회의 정치는 투명하게 이루어지면서 그 과정이 공개된다. 모든 국민이 자신이 선택한 정치인의 행동을 쉽게 이해하고 감시하는 시대가 왔다.

정보사회의 시각적 사고는 지식인과 비지식인의 경계를 무너뜨린다. 시각적 사고를 수행하는 데 지식인과 비지식인의 차이는 그다지 크지 않다. 영화를 보고 감동하는 데 지식인과 비지식인의 차이가 크지 않다. 글자로 되어 있는 영화 대본의 경우는 다르다. 영화 대본을 끝까지 읽을 수 있는 사람은 근본적으로 지식인, 언어적 사고의 지식인이다. 영화 대본에 대해서는 지식인과 비지식인 사이에 큰 격차가 있다. 하지만 시각적 정보를 다루는 능력에서 그 차이는 크지 않다. 정보사회의 시각적 사고는 사회 곳곳에 존재하던 지식인과 비지식인의 경계와 차별, 불평등을 사라지게 할 것이다.

정보사회의 시각적 사고가 지배하는 사회는 지금과 완전히 다른 모습일 것이다. 정치, 경제, 행정, 집단의 모든 사회는 투명하게 공개된다. 그리고 각 사회의 구성원들은 평등하고 자유롭다. 투명한 사회와 자유로운 사람이 만들어내는 미래 사회는 어떤 모습일까?

# 참고문헌

김도훈 · 문태훈 · 김동환(1999). 『시스템 다이내믹스』. 대영문화사.

김동환(2004). 『시스템 사고』. 선학사.

＿＿＿(2016). 『빅데이터는 거품이다』. 페이퍼로드.

＿＿＿(2018). 「빅데이터 정책 유행: 한 행정학자의 '간증(testimony)'으로서의 자문화기술지」. 『한국행정학보』 52(1), 3-25쪽.

＿＿＿(2018). 「응답: 행정학자의 부끄러움과 간증에 관하여」. 『한국행정학보』 52(1), 39-44쪽.

김동환 · 김헌식(2005). 『촛불@광장 사회의 메커니즘』. 북코리아.

김승연 · 김동환(1993). 『시스템 시뮬레이션과 시뮬레이션 언어』. 홍릉과학출판사.

마이클 샌델, 안기순 역(2012). 『돈으로 살 수 없는 것들』. 와이즈베리.

막스 베버, 김진욱 역(2002). 『직업으로서의 학문 정치』. 범우문고.

아담 스미스, 유인호 역(2008). 『국부론』. 동서문화사.

윤견수 · 소영진 · 김동환 · 이종범(2000). 『딜레마와 행정』. 나남출판.

이문영(1996). 『논어맹자와 행정학』. 나남신서.

정성호(2021). 『한국행정과 공자의 욕망』. 커뮤니케이션북스.

칼 포퍼, 이명현 역(2021). 『열린사회와 그 적들 2』. 민음사.

한나 아렌트, 김선욱 역(2006). 『예루살렘의 아이히만』. 한길사.


Forrester, J. W. (1961). Industrial Dynamics. Productivity Press.

Hardin, G. (1968). The Tragedy of the Commons, Science. Vol. 162, No. 3859, pp. 1243-1248.

Lindblom, Charles E. (1959). The Science of "Muddling Through", Public Administration Review. Vol. 19, No. 2, pp. 79-88.

Ostrom, E, (1990). Governing the Commons: The Evolution of Institutions for Collective Action. Cambridge University Press.

Savas, E. S. (1987). Privatization: The Key to Better Government. Chatham House Publishers.

Schneider, A., H. Ingram (1993). Social Construction of Target Populations: Implications for Politics and Policy, American Political Science Review. Vol. 87, No. 2, pp. 334-347.

Shapiro, C., Varian, H. R. (1998). Information Rules: A Strategic Guide to the Network Economy. Harvard Business Review Press.

Tversky, A., D. Kahneman (1981). The Framing of decisions and the psychology of choice, Science. Vol. 211, No. 4481, pp. 453-458.